서울대 한국어+

Student's Book

서울대학교 언어교육원 지음

장소원 | 김현진 | 김슬기 | 이정민

2B

서울대학교출판문화원

머리말

《서울대 한국어⁺》는 한국어 학습자들의 효율적이고 단계적인 한국어 능력 향상을 목적으로 서울대학교 언어교육원의 오랜 교육 경험을 바탕으로 기획되었습니다. 이 시리즈는 한국어 학습자들의 한국어의 표현 영역과 이해 영역의 고른 향상을 목표로 한국어 학습자들이 말하기, 듣기, 읽기, 쓰기 네 가지 기능을 고루 향상할 수 있도록 구성된 학습자 친화형 교재이자 학습자들의 주도적 학습을 위한 교재로 기획되었습니다.

《서울대 한국어⁺ Student's Book 2B》는 200시간의 한국어 정규과정 교육을 받았거나 그에 준하는 한국어 능력을 가진 성인 한국어 학습자들이 약 200시간의 정규과정을 통해 친숙한 주제와 내용으로 기본적인 한국어 의사소통 능력을 기르도록 구성하였습니다. 이 교재의 시작은 어휘 영역으로, 그림을 통해 학습자들의 이해를 돕고자 주제별 어휘를 그림과 함께 제시함으로써 학습자들이 개별 어휘의 의미를 이해하고 익힐 수 있도록 하였습니다.

기존의 교재가 문법과 표현을 전면에 제시한 것과 달리 이 교재에서는 문법을 별도의 책으로 구성하여 학습자들이 먼저 문법과 표현을 익힌 후 주교재의 활동을 통해 내재화할 수 있도록 하였습니다.

말하기 활동을 강화하여 학습자들이 익힌 어휘와 문법을 실제 상황에 유용하게 활용할 수 있도록 하였습니다. 또한 듣기와 읽기 활동은 전-본-후 단계를 거치도록 구성하였는데 실제성이 높고 유용한 담화를 활용하여 듣기와 읽기를 강화하고 학습자의 의사소통 능력을 향상하고자 하였습니다. 모든 말하기, 듣기, 읽기 내용을 교재 내 QR 코드를 활용한 음성 자료로 제시함으로써 학습자들이 쉽게 활용할 수 있도록 하였습니다.

쓰기 영역 역시 단계적으로 구성하여 학습자들이 과정 중심의 쓰기 활동을 통해 표현 능력을 향상할 수 있게 하였습니다. 또한 각 단원의 과제는 실제성을 고려하여 목표에 이르기까지 단계별 과정을 거쳐 완성도를 높였고 각 단원에서 학습한 어휘와 문법을 충분히 활용하여 익힐 수 있도록 하였습니다.

문화 영역은 그림이나 사진을 충분히 활용함으로써 초급 학습자들도 한국의 문화를 쉽게 이해할 수 있도록 하였는데 특히 실생활과 밀접한 내용을 담아 학습자들에게 유용하도록 구성하였을 뿐만 아니라 수동적인 문화 학습을 벗어나 학습자가 참여하여 이야기할 수 있도록 상호문화적인 내용도 담았습니다.

　발음은 필수적인 발음만 제시하고 이와 연계하여 복습에서 정리할 수 있도록 제시하였고, 영어권 학습자를 위해 지시문, 새 어휘, 대화문, 문법 설명을 영어로 번역하여 제시하였습니다.

　이 책이 나오기까지 정말 많은 분들의 수고가 있었습니다. 서울대학교 국어국문학과 장소원 교수님은 《서울대 한국어⁺》 1~6급 교재의 개발을 위한 사전 연구부터 시작해서 전체적인 작업을 총괄해 주셨고, 2급 교재의 집필을 총괄한 김현진 선생님을 비롯해서 김슬기, 이정민 선생님은 오랜 기간 원고 집필뿐 아니라 검토와 편집 작업에 깊이 관여하며 《서울대 한국어⁺》 2급 교재의 전체적인 모습을 완성해 주셨습니다. 또 2급 교재 전권의 내용을 일일이 챙겨 주신 김은애 교수님의 감수와 한재영 교수님, 최은규 교수님의 자문이 없었다면 지금과 같은 책의 완성도를 기대하기 어려웠음을 잘 알고 있습니다. 깊이 감사드립니다. 그리고 영어 번역을 맡아 주신 이소명 번역가와 번역 감수를 맡아 주신 UCLA 손성옥 교수님, 그리고 멋진 삽화 작업으로 빛나는 책을 만들어 주신 ㈜예성크리에이티브 분들께도 감사드립니다. 또 녹음을 담당해 주신 성우 김성연, 이상운 선생님과 2022년 봄학기에 미리 샘플 단원을 사용한 후 소중한 의견을 주신 2급의 김상희, 박영지, 오미남, 윤다인, 이희진, 장용원, 조경윤, 주은경 선생님께도 진심으로 감사의 말씀을 드립니다. 마지막으로 학술 도서와 성격이 다른 한국어 교재의 출판을 결정하고 물심양면으로 지원해 주신 서울대학교출판문화원 이준웅 원장님과, 힘든 과정을 감수하신 관계자분들께 깊이 감사드립니다.

2022년 11월
서울대학교 언어교육원 원장
이호영

Preface

SNU Korean⁺ was developed with the goal of improving Korean language skills among Korean learners in an efficient and step-by-step manner, based on the extensive educational experience of the Seoul National University Language Education Institute. This series is designed for learners and is meant to encourage proactive learning in order to help Korean learners improve their speaking, listening, reading, and writing skills, as well as their production and comprehension of the Korean language.

SNU Korean⁺ Student's Book 2B is intended for Korean learners who have completed 200 hours of classroom instruction or have equivalent Korean proficiency in developing their Korean with familiar topics and content through a regular course of approximately 200 hours of classroom instruction. This textbook begins with a section on vocabulary that gives students the opportunity to study and pick up on the meaning of specific phrases by presenting the vocabulary for each topic in which visuals are used to aid in the understanding of the vocabulary.

Instead of including grammar and expressions like in standard textbooks, a grammar book was created separately so that learners could initially learn grammar and expressions from this book before internalizing them through the activities in the Student's Book.

By emphasizing speaking exercises, learners can apply their newly acquired grammar and vocabulary in real-life situations. Additionally, listening and reading exercises are structured to go through the pre-mid-post stages and incorporate practical conversations to enhance reading and listening. All speaking, listening, and reading contents are presented in the textbook as audio files via QR codes so that learners can easily access them.

Writing is also divided into stages, allowing learners to improve their expressive skills through process-oriented writing activities. Furthermore, the exercises in each unit have been enhanced by using a step-by-step manner to achieve goals while considering practicality and allowing learners to fully utilize the vocabulary and grammar they learned in each unit.

The culture section utilizes illustrations and photos so that even beginning learners can easily grasp the Korean culture. It contains content that is directly tied to real-life scenarios that are valuable for learners, as well as intercultural content that allows them to actively participate in the dialogue.

Only essential pronunciations are shown so learners can easily review them. Instructions, new vocabulary, dialogue, and grammatical explanations are translated and presented in English for English-speaking learners.

A lot of dedication went into the publication of this book. I would like to express my sincere gratitude to everyone who contributed to this project. Thank you to Seoul National University Professor Chang Sowon at the Department of Korean Language and Literature, for overseeing the entire project, beginning with the preliminary research for the development of **SNU Korean⁺** Levels 1-6, Seoul National University LEI Instructor Kim Hyun Jean, for editing the authoring of Level 2, and Seoul National University LEI Instructors Kim Sulki and Lee Jeong Min, for writing, reviewing, and editing the manuscript to produce the overall completion of **SNU Korean⁺** Level 2. My deepest thanks to supervisor former Seoul National University LEI Professor Kim Eun Ae, for supervising Level 2; and consultants Hanshin University Honorary Professor Han Jae Young and former Seoul National University LEI Professor Choi Eunkyu because the Level 2 textbooks could not have been developed without their help. Thanks to translator Lee Susan Somyung, translation supervisor UCLA Professor Sohn Sung-Ock, and the YESUNG Creative artists for the stunning illustrations. Many thanks to the voice actors Kim Seongyeon and Lee Sangun, along with Seoul National University LEI Level 2 Instructors Kim Sanghee, Park Youngji, Oh Minam, Yoon Dyne, Lee Heejin, Jang Yongwon, Cho Kyungyoon, and Chu Eunkyung, for providing insightful feedback after using the sample unit as a pilot in the spring semester of 2022. Lastly, a special thanks to Seoul National University Press Director June Woong Rhee for providing financial and spiritual support and deciding to publish these Korean textbooks, as well as everyone for working tirelessly on this project.

November 2022
Lee Hoyoung
Executive Director
Language Education Institute, Seoul National University

 How to Use This Book

《서울대 한국어⁺ Student's Book 2B》는 10~18단원으로 이루어져 있고 각 단원은 두 과로 구성되어 있다. 1과는 '어휘, 말하기 1·2·3, 듣기 1·2', 2과는 '어휘, 읽기 1·2, 쓰기, 과제, 문화, 발음, 자기 평가'로 이루어져 있으며 각 과는 4시간 수업용으로 구성되었다.

SNU Korean⁺ Student's Book 2B consists of Units 10-18. Each unit has two lessons–Lesson 1: Vocabulary, Speaking 1, 2, 3, Listening 1, 2, and Lesson 2: Vocabulary, Reading 1, 2, Writing, Task, Culture, Pronunciation, and Self-Check. Each lesson amounts to 4 hours of classwork.

단원의 주제와 관련된 그림과 질문을 보고 해당 과의 주제에 대해 생각해 볼 수 있도록 구성하였다. 질문을 이해하고 답을 생각하면서 배경지식을 활성화하고 학습 목표와 내용을 인지할 수 있다.

The book is designed so that learners can think about the topic of the lesson by looking at the pictures and questions related to the topic of the unit. By understanding the questions and thinking about the answers, learners can activate their background knowledge and recognize learning goals and subject matter.

어휘 Vocabulary

주제별로 선정된 목표 어휘를 그림과 함께 제시하여 의미를 유추할 수 있도록 구성하였다. 초급의 경우 영문 번역을 함께 제시하여 학습자의 이해를 돕고자 하였다.

The target vocabulary selected for each topic is presented with pictures so learners can infer the meaning. For the beginning levels, English translation is provided to help with learners' understanding.

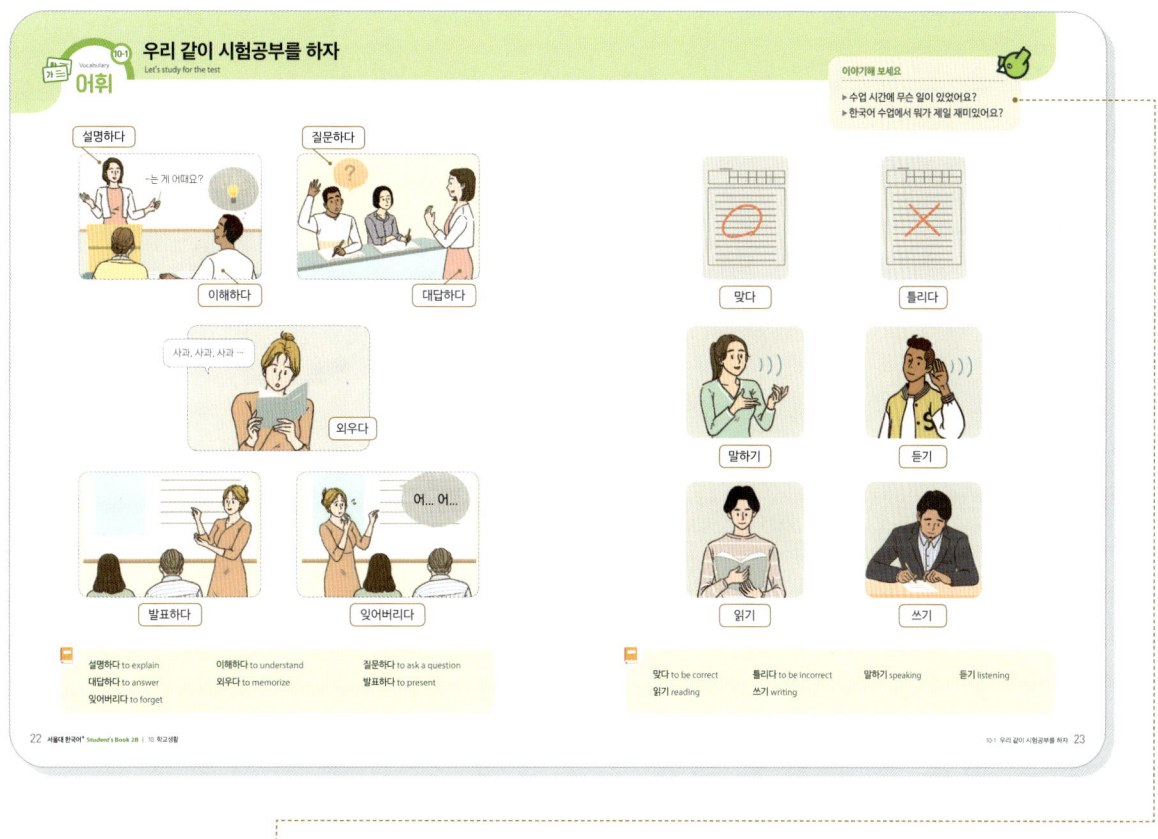

어휘를 사용하여 간단한 질문에 답을 해 보면서 어휘의 형태적, 의미적 지식을 확인하게 한다.

By using vocabulary to answer simple questions, learners can confirm their morphological and semantic knowledge of it.

말하기 | Speaking

해당 과의 목표 문법과 표현 및 주제 어휘를 내재화할 수 있도록 대화문에 포함하여 제시하였다. 말하기는 1, 2, 3단계로 구성된다. 구체적으로는 목표 문법과 표현 및 주제 어휘를 포함한 대화문으로 교체 연습을 하는 '말하기 1·2'와 담화 연습인 '말하기 3'으로 이루어져 있다.

The unit's target grammar, expression, and topic vocabulary are included and presented in the dialogue for learners to internalize them. Speaking consists of 1, 2, and 3. Speaking 1 and 2 are set up as replacement practices for the target grammar and topic vocabulary, respectively, while Speaking 3 is conversational dialogue.

말하기 1·2 Speaking 1, 2

어휘와 표현을 교체하여 목표 문법과 표현을 정확하게 익히고 '말하기 3'을 준비할 수 있도록 한다.

By substituting the vocabulary and expressions, learners can accurately learn the target grammar and expressions as well as prepare for Speaking 3.

말하기 3 Speaking 3

해당 과의 주제에 대한 대화문으로 학습자가 직접 구어 담화를 구성하는 연습으로 이어지도록 하였다.

As a dialogue of the unit's topic, it helps learners practice composing oral discourse on their own.

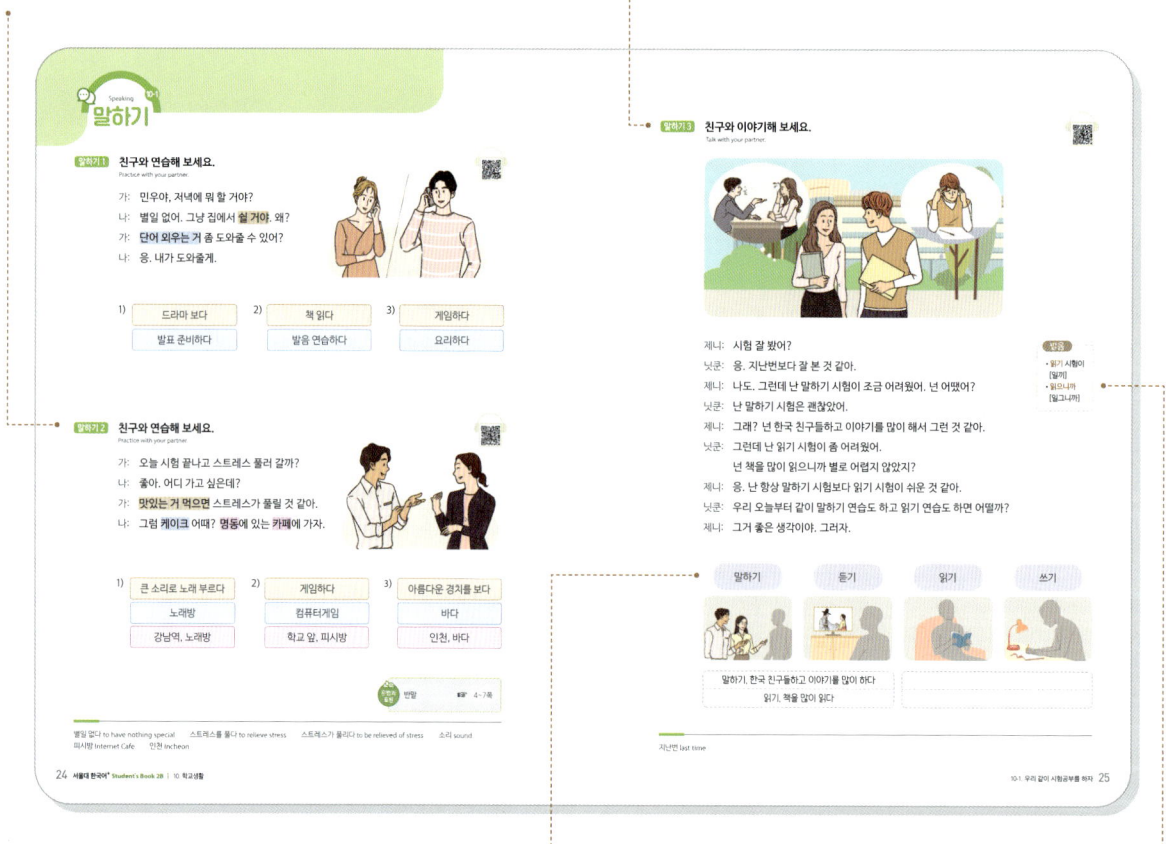

학습자가 유의미한 담화를 구성할 수 있도록 2~3개의 상황 예시를 그림으로 제시하고 제시어를 보기로 주어 학습자가 유창하게 말할 수 있는 연습을 하도록 한다.

To help learners formulate meaningful discourse, 2-3 situational examples are presented through pictures, and words are provided so learners can practice speaking fluently.

발음 주의해야 할 발음을 간단히 제시하여 발음의 정확성과 유창성을 높이도록 구성하였다.

Pronunciation Simple pronunciation tips are offered to increase accuracy and fluency.

듣기 Listening

'준비', '듣기 1·2'와 '말하기' 활동으로 구성된다.
This section is composed of Warm-up, Listening 1, 2, and Speaking.

준비 Warm-up

듣기 전 단계로, 들을 내용을 예측할 수 있는 질문이나 사진, 삽화 등을 제시하여 학습자의 배경지식을 활성화한다.

As the pre-listening stage, learners' background knowledge is activated by presenting questions, photos, and illustrations that learners can predict what they will hear.

듣기 Listening

듣기 단계는 듣기 1과 2로 구성하되 난이도에 따라 제시하였고 실제적이고 다양한 종류의 듣기 자료를 제시하여 학습자의 의사소통 능력 향상에 도움을 주고자 하였다. 듣기 단계에서는 들은 내용을 확인하는 문제를 제시하여 학습자 스스로 이해도를 점검해 볼 수 있도록 하였다.

Listening 1, 2 have been presented according to the level of difficulty, and practical and various listening materials are offered to help learners improve their communication skills. There are questions for learners to answer to confirm their listening skills and level of understanding.

말하기 Speaking

듣기 후 단계에서는 듣기의 주제 및 기능과 연계된 짧은 담화를 구성하게 하여 의사소통 능력을 향상하도록 하였다.

In the post-listening stage, it helps learners improve their communication skills by having them compose short discourses related to the topic and functions of listening.

읽기 Reading

'준비', '읽기 1·2'와 '말하기' 활동으로 구성된다.
This section is composed of Warm-up, Reading 1, 2, and Speaking.

준비 Warm-up

읽기 전 단계로, 읽을 내용을 예측할 수 있는 질문이나 사진, 삽화 등을 제시하여 학습자의 배경지식을 활성화한다.

As the pre-reading stage, learners' background knowledge is activated by presenting questions, photos, and illustrations that learners can predict what they will read.

읽기 Reading

읽기 단계는 목표 문법과 표현이 포함된 읽기 1과 2로 구성하되 난이도에 따라 제시하였다. 또한 학습자의 수준에 맞는 실제적이고 다양한 종류의 텍스트를 제시한다. 또한 읽은 내용을 확인하는 문제를 제시하여 학습자 스스로 이해도를 점검해 볼 수 있도록 하였다.

Reading 1, 2 include the target grammar and expressions that have been presented according to the level of difficulty. In addition, practical and diverse types of texts appropriate for learners' level are shown. There are questions so learners can confirm the content of what they read and check their own level of understanding.

문법과 표현 Grammar & Expression

학습자들이 문법과 표현을 참고할 수 있도록 별도로 구성된 책의 해당 페이지를 표시하였다.

For learners to refer to the grammar and expressions, the corresponding pages of the separately composed grammar explanation book are marked.

말하기 Speaking

읽기 후 단계로, 읽기의 주제 및 기능과 연계된 담화를 구성해 보게 하였다. 또한 말하기 활동은 쓰기의 개요 구성으로 연결되어 쓰기와의 연계성을 높였다.

As the post-reading stage, learners will be able to speak about the topic and function of reading. Furthermore, speaking activities are connected to writing to increase their association.

쓰기 Writing

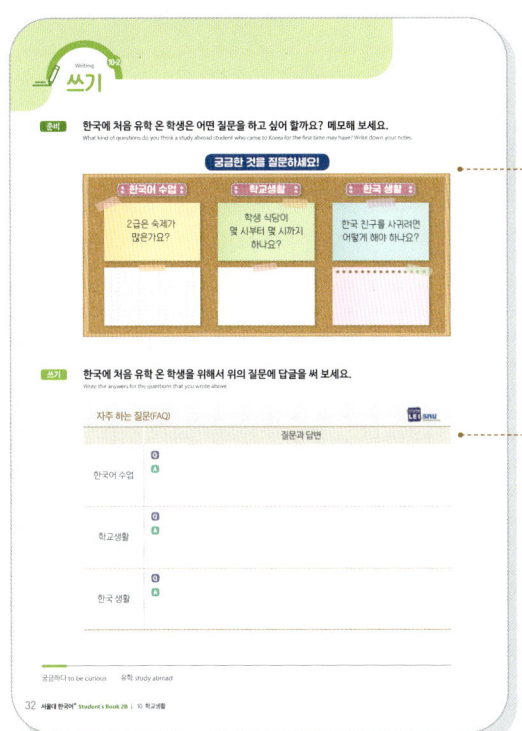

'준비'와 '쓰기' 활동으로 구성된다.
This section is composed of Warm-up and Writing.

준비 Warm-up

쓰기 전 단계로, 실제 쓸 내용에 대한 개요를 작성해 보거나 쓸 내용을 구성할 수 있도록 생각을 여는 질문을 제시한다.

As the pre-writing stage, questions are presented so learners can write an outline or summary before the actual writing exercise.

쓰기 Writing

준비 단계에서 작성한 개요를 바탕으로 과정 중심 글쓰기 활동이 이루어지도록 구성하였다. 읽기 텍스트와 유사한 종류의 글을 쓰도록 구성하여 학습자들의 담화 쓰기 능력을 향상하고자 하였다.

Based on the outline written in Warm-up, process-oriented writing activities are carried out. It is intended to improve learners' discourse writing ability by composing similar types to that of the reading text.

과제 Task

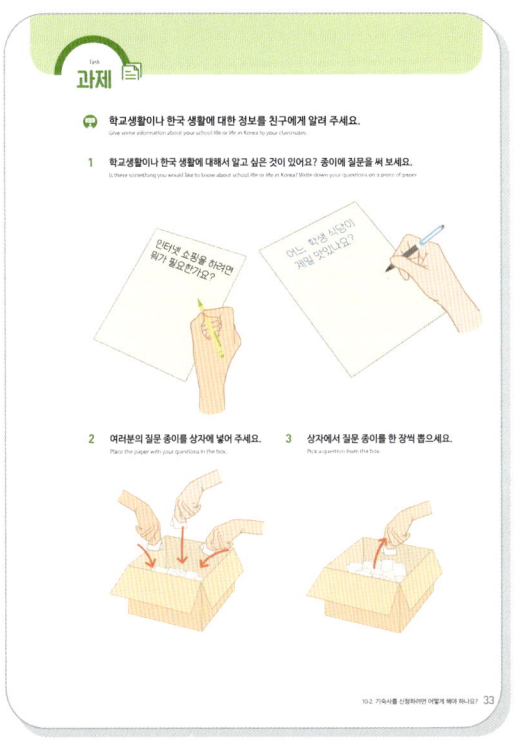

3~4단계의 문제 해결형 과제로 구성된다. 학습자 간의 상호작용을 통해 해당 단원에서 학습한 주제 어휘와 목표 문법을 내재화하고 언어 사용의 유창성을 키운다.

This section is composed of 3-4 problem-solving exercises. Through interactions among classmates, learners can internalize the topic vocabulary and target grammar learned in the unit and increase their fluency in the language.

문화 Culture

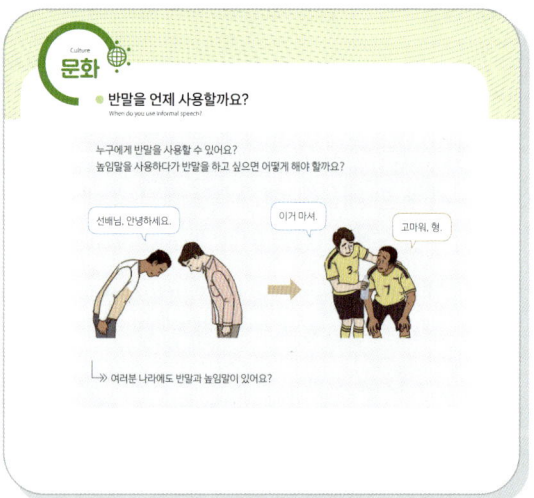

단원의 주제와 관련 있는 한국 문화 내용을 그림이나 사진과 함께 간단한 질문으로 제시하여 한국 문화에 대한 이해를 넓힐 수 있게 구성하였고 상호 문화적인 접근이 가능하도록 하였다.

The content of the Korean culture related to the topic of the unit is presented in simple questions along with illustrations or pictures so that learners can broaden their understanding of the Korean culture. Furthermore, cross-cultural approaches are made possible.

발음 및 자기 평가 Pronunciation and Self-Check

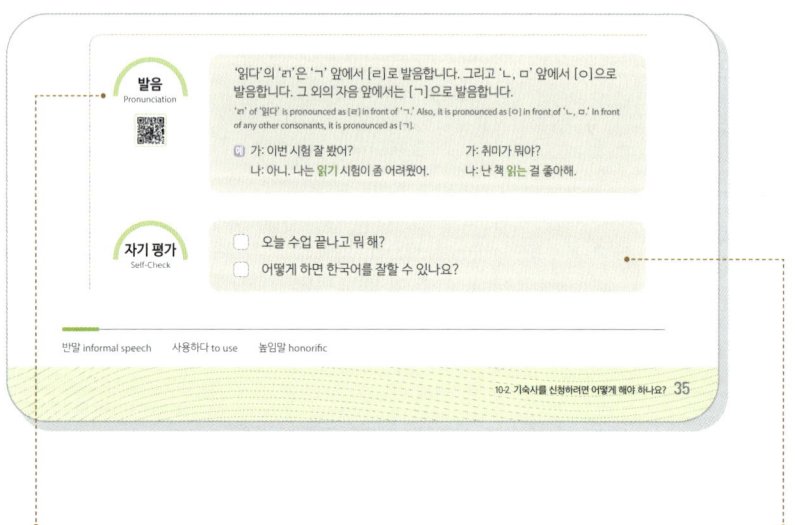

발음 Pronunciation

단원의 '말하기 3'과 관련 있는 음운 현상을 확인하고 대화 상황에서 연습하게 하였다.

Learners will verify the unit's Speaking 3 related phonological phenomenon and practice in a conversational situation.

자기 평가 Self-Check

단원에서 학습한 어휘와 문법을 사용하여 질문에 답함으로써 학습 목표를 달성하였는지를 학습자 스스로 확인해 보도록 구성하였다.

By answering questions using the vocabulary and grammar learned in the unit, learners can check whether or not the learning goal has been achieved.

차례 Table of Contents

머리말 Preface	• 2
일러두기 How to Use This Book	• 6
교재 구성표 Scope and Sequence	• 14
등장인물 Characters	• 18

10단원	학교생활 School Life	10-1. 우리 같이 시험공부를 하자 Let's study for the test	• 22
		10-2. 기숙사를 신청하려면 어떻게 해야 하나요? How do I apply for the dorms?	• 28
11단원	음식 Food	11-1. 난 순두부찌개 먹을래 I want to have soft tofu stew	• 38
		11-2. 제가 먹어 본 냉면 중에서 제일 맛있었어요 Out of all the cold noodles I've had, this is the best	• 44
12단원	외모와 성격 Appearances & Personalities	12-1. 까만 스웨터를 입고 있어요 The man is wearing a black sweater	• 54
		12-2. 제 친구는 바다처럼 마음이 넓습니다 My friend has a heart of gold	• 60
13단원	감정 Emotions	13-1. 너무 속상하겠어요 You must be so upset	• 70
		13-2. 친구들과 친해지고 싶습니다 I want to become close with my classmates	• 76
14단원	인생 Life	14-1. 대학교에 입학하게 됐어요 I was admitted to a university	• 86
		14-2. 고마운 사람을 만난 적이 있습니다 I've met someone I'm thankful for	• 92
15단원	집 House	15-1. 방이 넓어서 살기 좋아요 It's a nice place to live because the room is large	• 102
		15-2. 벽에 가족사진이 걸려 있습니다 A family picture is hanging on the wall	• 108
16단원	예절 Etiquette	16-1. 반말을 해도 돼요? Can I speak informally to you?	• 118
		16-2. 공연 중에 사진을 찍으면 안 됩니다 You cannot take photos during the performance	• 124
17단원	문화 Culture	17-1. 콘서트를 보기 위해서 표를 사 놓았어요 I bought a ticket to see a concert	• 134
		17-2. 추석은 한국의 큰 명절 중 하나다 Chuseok is one of Korea's biggest holidays	• 138
18단원	추억과 꿈 Memories & Dreams	18-1. 이번 학기가 끝나서 좋기는 하지만 아쉬워요 I'm glad this semester is over, but I'm a bit sad	• 150
		18-2. 한국에 온 지 벌써 6개월이나 됐다 I've been in Korea for 6 months already	• 156

부록 Appendix	• 165

교재 구성표 Scope and Sequence

	단원 제목 Unit Title	어휘 Vocabulary	기능별 활동 Skills
10. 학교생활 School Life	10-1. 우리 같이 시험공부를 하자 Let's study for the test	학교생활 ① School life ①	말하기 Speaking • 한국어 공부 방법에 대해 이야기하기 How to study Korean
	10-2. 기숙사를 신청하려면 어떻게 해야 하나요? How do I apply for the dorms?	이메일, 학교생활 ② Email, School life ②	읽기 Reading • 기숙사 신청 안내문 읽기 Dorm application notice • 학교 인터넷 게시판의 글 읽기 School internet bulletin board
11. 음식 Food	11-1. 난 순두부찌개 먹을래 I want to have soft tofu stew	음식 ①, 맛 Food ①, Taste	말하기 Speaking • 메뉴 추천하기 Recommending a menu
	11-2. 제가 먹어 본 냉면 중에서 제일 맛있었어요 Out of all the cold noodles I've had, this is the best	음식 ②, 식당 평가 Food ②, Restaurant evaluation	읽기 Reading • 식당과 음식에 대한 메시지 읽기 Text message about a restaurant and its food • 식당 후기 읽기 Restaurant review
12. 외모와 성격 Appearances & Personalities	12-1. 까만 스웨터를 입고 있어요 The man is wearing a black sweater	착용 동사, 색깔 Wearing verb, Color	말하기 Speaking • 옷차림 설명하기 Describing outfits
	12-2. 제 친구는 바다처럼 마음이 넓습니다 My friend has a heart of gold	외모, 성격 Appearances, Personalities	읽기 Reading • 에스엔에스(SNS) 글 읽기 Social media post • 친구를 소개하는 글 읽기 Introduction about your friend
13. 감정 Emotions	13-1. 너무 속상하겠어요 You must be so upset	감정 ① Emotions ①	말하기 Speaking • 감정 표현하고 공감하기 Expressing emotions and empathizing
	13-2. 친구들과 친해지고 싶습니다 I want to become close with my classmates	인간관계 Human relationships	읽기 Reading • 책 광고 읽기 Book advertisement • 친구를 사귀는 방법을 소개하는 글 읽기 How to make friends

기능별 활동 Skills	문법과 표현 Grammar & Expression	과제 Task	문화 Culture	발음 Pronunciation
듣기 Listening • 학교생활에 대한 대화 듣기 Conversation about school life **쓰기 Writing** • 학교생활이나 한국 생활에 대해 답하는 글 쓰기 School life or Korean life	• 반말 • 동-나요?, 형-(으)ㄴ가요?, 명인가요? • 동-(으)려면	학교생활이나 한국 생활에 대한 정보 나누기 Sharing information about school life or Korean life	반말의 사용 Use of informal speech	'읽다'의 발음 '읽다' pronunciation
듣기 Listening • 음식에 대한 대화 듣기 Conversation about food **쓰기 Writing** • 식당 후기 쓰기 Restaurant review	• 동-는데, 형-(으)ㄴ데 1 • 동-(으)ㄹ래요 • 명 중에서 • 동-아다/어다 주다	학교 근처 맛집 소개하기 Introducing must eats near school	한국의 반찬 문화 Korea's side dish culture	비음화 2 Nasalization 2
듣기 Listening • 안내 방송 듣기 Public announcement • 옷차림 예절에 대한 대화 듣기 Conversation about dress etiquette **쓰기 Writing** • 친구를 소개하는 글 쓰기 Introduction about your friend	• 'ㅎ' 불규칙 • 동-고 있다 • 명처럼/같이 • 동형-았으면/었으면 좋겠다	친구의 이상형 찾아주기 Finding your friend's ideal type	동물의 성격 Personalities of animals	경음화 4 Glottalization 4
듣기 Listening • 감정에 대한 대화 듣기 Conversation about emotions • 인터뷰 대화 듣기 Interview **쓰기 Writing** • 친구와 잘 지내는 방법을 소개하는 글 쓰기 Passage about how to get along with friends	• 명 때문에 • 동형-겠- • 동형-(으)ㄹ 때 • 형-아지다/어지다	문제 상황 해결법 찾기 Finding a solution to a problem	한국어의 감탄사 Exclamations in Korean	경음화 5 Glottalization 5

단원 제목 Unit Title		어휘 Vocabulary	기능별 활동 Skills
14. 인생 Life	14-1. 대학교에 입학하게 됐어요 I was admitted to a university	인생 Life	**말하기 Speaking** • 근황에 대해 이야기하기 Your current situation
	14-2. 고마운 사람을 만난 적이 있습니다 I've met someone I'm thankful for	사고 Accident	**읽기 Reading** • 기억에 남는 일에 대한 에스엔에스(SNS) 글 읽기 Memorable event social media post • 고마운 사람에 대한 글 읽기 Passage about a person you're thankful for
15. 집 House	15-1. 방이 넓어서 살기 좋아요 It's a nice place to live because the room is large	부동산 ① Real estate agency ①	**말하기 Speaking** • 부동산에서 주거 조건 설명하기 Describing the residential conditions at the real estate agency
	15-2. 벽에 가족사진이 걸려 있습니다 A family picture is hanging on the wall	부동산 ② Real estate agency ②	**읽기 Reading** • 부동산 광고문 읽기 Real estate agency advertisement • 고향 집을 소개하는 글 읽기 Introduction about your house back home
16. 예절 Etiquette	16-1. 반말을 해도 돼요? Can I speak informally to you?	일상 예절 Everyday etiquette	**말하기 Speaking** • 한국과 고향의 예절 비교하기 Comparing etiquette between Korea and your home country
	16-2. 공연 중에 사진을 찍으면 안 됩니다 You cannot take photos during the performance	공공 예절 Public etiquette	**읽기 Reading** • 지하철 안내문 읽기 Subway notice • 예절 차이에 대한 글 읽기 Passage about etiquette differences
17. 문화 Culture	17-1. 콘서트를 보기 위해서 표를 사 놓았어요 I bought a ticket to see a concert	공연 문화 Performance culture	**말하기 Speaking** • 관심 있는 문화에 대해 이야기하기 Culture of interest
	17-2. 추석은 한국의 큰 명절 중 하나다 Chuseok is one of Korea's biggest holidays	명절 Holidays	**읽기 Reading** • 일기 읽기 Diary • 명절을 소개하는 글 읽기 Passage about holidays
18. 추억과 꿈 Memories & Dreams	18-1. 이번 학기가 끝나서 좋기는 하지만 아쉬워요 I'm glad this semester is over, but I'm a bit sad	감정 ②, 계절의 변화 Emotions ②, Change of seasons	**말하기 Speaking** • 기억에 남는 일과 앞으로의 계획 이야기하기 A memorable event and future plans
	18-2. 한국에 온 지 벌써 6개월이나 됐다 I've been in Korea for 6 months already	시간, 꿈 Time, Dream	**읽기 Reading** • 유학생에 대한 기사 읽기 Article about international students • 한국 생활과 미래 계획에 대한 글 읽기 Korean life and future plans

기능별 활동 Skills	문법과 표현 Grammar & Expression	과제 Task	문화 Culture	발음 Pronunciation
듣기 Listening • 어렸을 때의 꿈에 대한 대화 듣기 Conversation about childhood dreams • 축하와 감사에 대한 대화 듣기 Conversation about congratulations and gratitude	• 동-(으)ㄴ 덕분에 • 동-게 되다	나의 인생에 대해 이야기하기 Talking about my life	환갑 60th birthday	유기음화 2 Aspiration 2
쓰기 Writing • 고마운 사람에 대한 글 쓰기 Passage about a person you're thankful for	• 형-게 • 동-(으)ㄴ 적이 있다/없다			
듣기 Listening • 집에 대한 대화 듣기 Conversation about a house	• 동-기 형 • 명밖에	살고 싶은 집에 대해 이야기하기 Talking about the house you want to live in	공유 주택 Co-living housing	유음화 Lateralization
쓰기 Writing • 고향 집을 소개하는 글 쓰기 Introduction about your house back home	• 동-아/어 있다 • 동형-기 때문에, 명(이)기 때문에			
듣기 Listening • 예절에 대한 대화 듣기 Conversation about etiquette	• 동-는데, 형-(으)ㄴ데 2 • 동-아도/어도 되다	각국의 예절 비교하기 Comparing each country's etiquette	한국의 식사 예절 Korea's eating etiquette	'ㄴ' 첨가 'ㄴ' Addition
쓰기 Writing • 예절 차이에 대한 글 쓰기 Etiquette differences	• 동-는 중이다, 명 중이다 • 동-(으)면 안 되다			
듣기 Listening • 관심 있는 문화에 대해 소개하는 대화 듣기 Introduction about culture of interest • 인터뷰 대화 듣기 Interview	• 동-기 위해(서) • 동-아/어 놓다	유명한 사람 소개하기 Introducing a famous person	한국의 전통 놀이 Korea's traditional games	유기음화 3 Aspiration 3
쓰기 Writing • 명절을 소개하는 글 쓰기 Passage about holidays	• 동-는다/ㄴ다, 형-다, 명(이)다			
듣기 Listening • 라디오 방송 듣기 Radio broadcast • 기억에 남는 일에 대한 대화 듣기 A memorable event	• 동형-기는 하지만 • 동형-(으)ㄹ지 모르겠다	친구에게 메시지 쓰기 Writing a message to friends	한국에 오는 유학생들의 진로 Careers of international students coming to Korea	경음화 6 Glottalization 6
쓰기 Writing • 한국 생활과 미래 계획에 대한 글 쓰기 Korean life and future plans	• 동-(으)ㄴ 지 • 명(이)나 2			

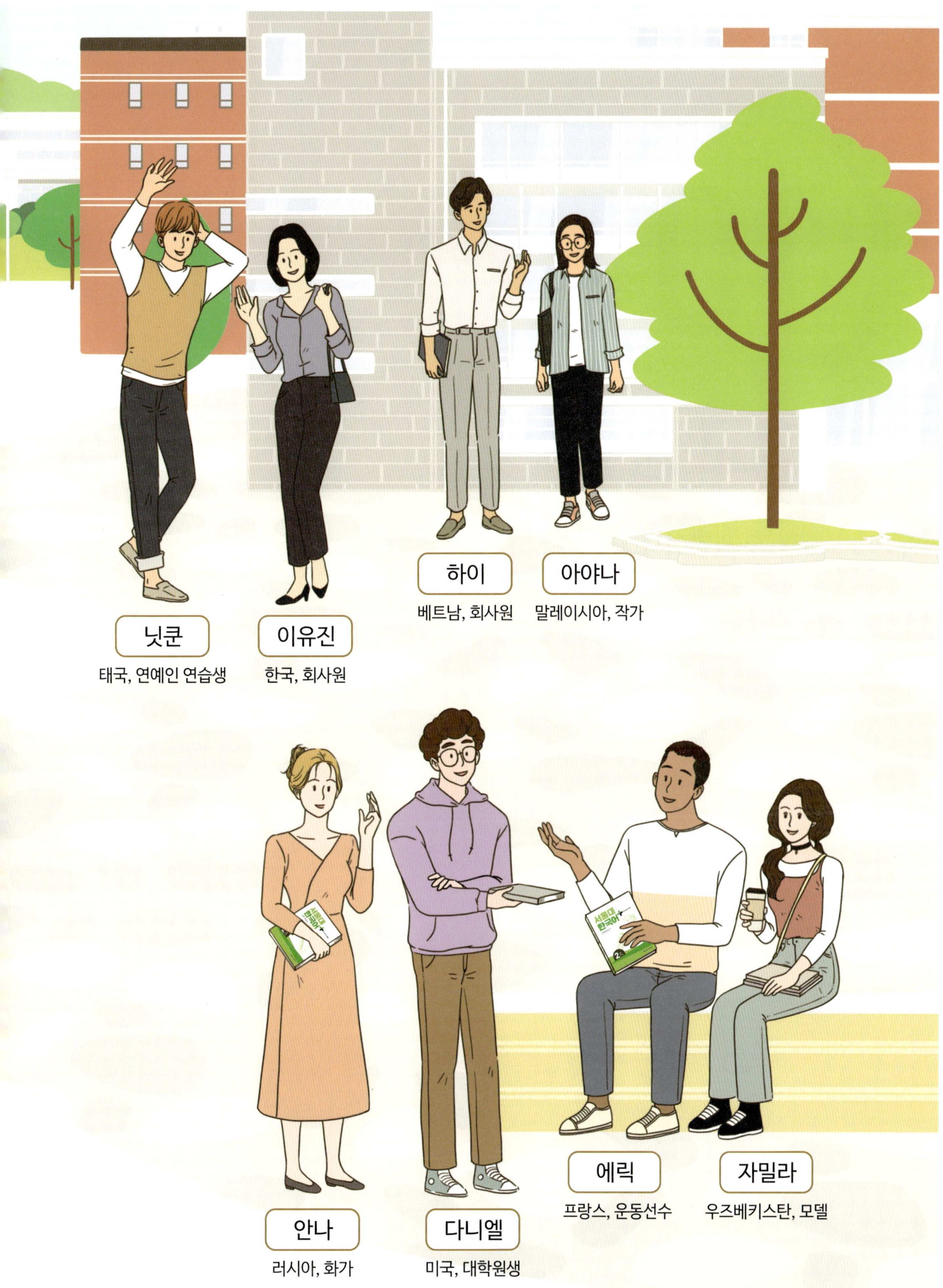
닛쿤
태국, 연예인 연습생
이유진
한국, 회사원
하이
베트남, 회사원
아야나
말레이시아, 작가
안나
러시아, 화가
다니엘
미국, 대학원생
에릭
프랑스, 운동선수
자밀라
우즈베키스탄, 모델

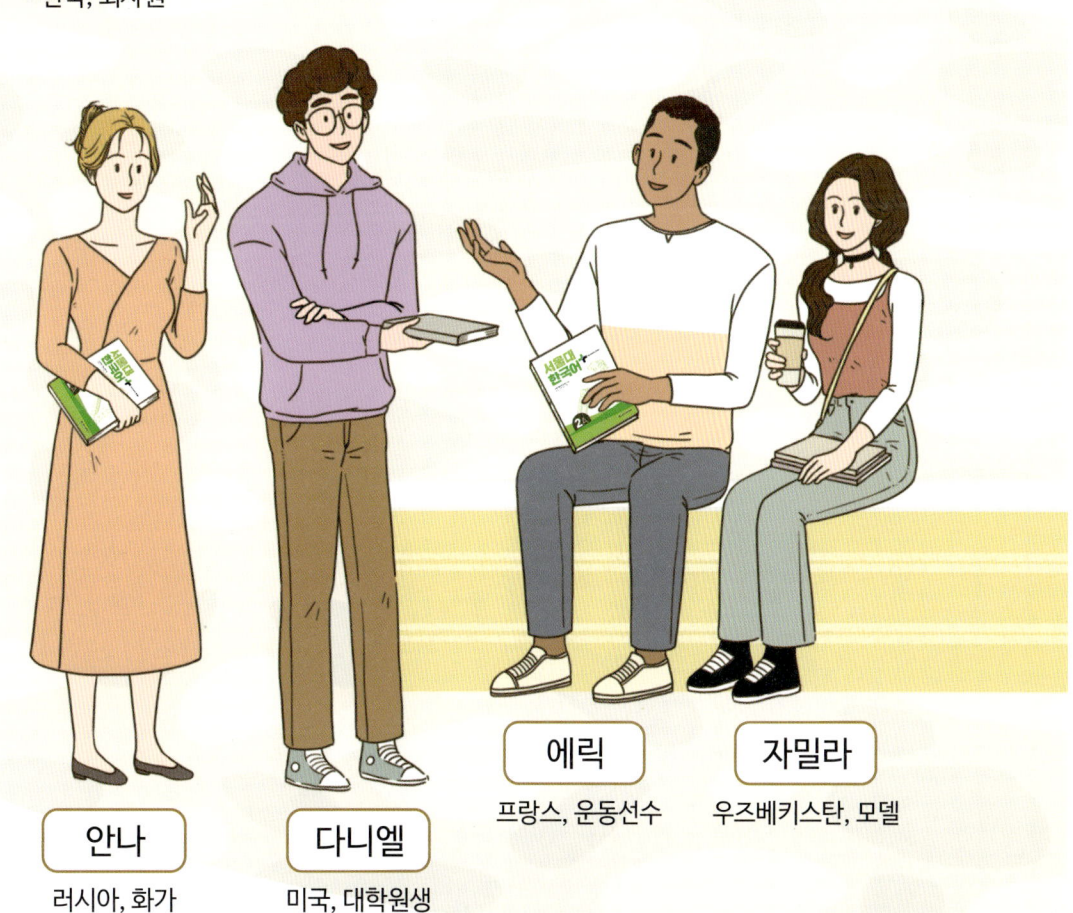

10

학교생활 School Life

10-1 우리 같이 시험공부를 하자

10-2 기숙사를 신청하려면 어떻게 해야 하나요?

1 한국어 수업이 어때요? 뭐가 제일 재미있어요?
2 학교에 들어오기 전에 뭐가 알고 싶었어요?

10-1 우리 같이 시험공부를 하자
Let's study for the test

설명하다 to explain   이해하다 to understand   질문하다 to ask a question
대답하다 to answer   외우다 to memorize   발표하다 to present
잊어버리다 to forget

이야기해 보세요

▶ 수업 시간에 무슨 일이 있었어요?
▶ 한국어 수업에서 뭐가 제일 재미있었어요?

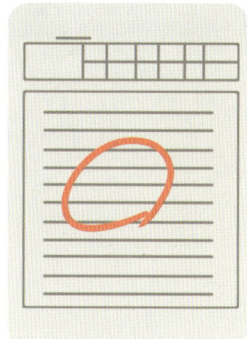
맞다

틀리다

말하기

듣기

읽기

쓰기

맞다 to be correct　　틀리다 to be incorrect　　말하기 speaking　　듣기 listening
읽기 reading　　쓰기 writing

Speaking 10-1

말하기 1 친구와 연습해 보세요.
Practice with your partner.

가: 민우야, 저녁에 뭐 할 거야?
나: 별일 없어. 그냥 집에서 **쉴 거야**. 왜?
가: **단어 외우는 거** 좀 도와줄 수 있어?
나: 응. 내가 도와줄게.

1) 드라마 보다 / 발표 준비하다
2) 책 읽다 / 발음 연습하다
3) 게임하다 / 요리하다

말하기 2 친구와 연습해 보세요.
Practice with your partner.

가: 오늘 시험 끝나고 스트레스 풀러 갈까?
나: 좋아. 어디 가고 싶은데?
가: **맛있는 거 먹으면** 스트레스가 풀릴 것 같아.
나: 그럼 **케이크** 어때? **명동**에 있는 **카페**에 가자.

1) 큰 소리로 노래 부르다 / 노래방 / 강남역, 노래방
2) 게임하다 / 컴퓨터게임 / 학교 앞, 피시방
3) 아름다운 경치를 보다 / 바다 / 인천, 바다

문법과 표현: 반말 ☞ 4~7쪽

별일 없다 to have nothing special   스트레스를 풀다 to relieve stress   스트레스가 풀리다 to be relieved of stress   소리 sound
피시방 Internet Cafe   인천 Incheon

말하기 3 친구와 이야기해 보세요.
Talk with your partner.

제니: 시험 잘 봤어?
닛쿤: 응. 지난번보다 잘 본 것 같아.
제니: 나도. 그런데 난 말하기 시험이 조금 어려웠어. 넌 어땠어?
닛쿤: 난 말하기 시험은 괜찮았어.
제니: 그래? 넌 한국 친구들하고 이야기를 많이 해서 그런 것 같아.
닛쿤: 그런데 난 읽기 시험이 좀 어려웠어.
       넌 책을 많이 읽으니까 별로 어렵지 않았지?
제니: 응. 난 항상 말하기 시험보다 읽기 시험이 쉬운 것 같아.
닛쿤: 우리 오늘부터 같이 말하기 연습도 하고 읽기 연습도 하면 어떨까?
제니: 그거 좋은 생각이야. 그러자.

발음
- 읽기 시험이 [일끼]
- 읽으니까 [일그니까]

말하기   듣기   읽기   쓰기

말하기, 한국 친구들하고 이야기를 많이 하다
읽기, 책을 많이 읽다

지난번 last time

 Listening 10-1

준비 쉬는 시간에 뭐 해요?
What do you do during break time?

듣기 1 아야나와 크리스의 대화입니다. 잘 듣고 맞으면 ○, 틀리면 ✕ 하세요.
This is a conversation between Ayana and Chris. Listen carefully and write ○ for true and ✕ for false.

1) 여자는 이해하지 못한 문법이 있습니다.   (   )

2) 남자는 여자에게 문법을 설명해 줄 것입니다.   (   )

 학교생활에서 뭐가 제일 재미있어요?
What's the most fun thing about school life?

문법 grammar   고민하다 to worry   학교생활 school life

준비 어떻게 한국어를 공부해요?
How do you study Korean?

듣기 2 엥흐와 나나의 대화입니다. 잘 듣고 질문에 답해 보세요.
This is a conversation between Enkh and Nana. Listen carefully and answer the questions.

1 두 사람은 뭐에 대해서 이야기하고 있어요? 맞는 것을 고르세요.

① 공부 방법　　　② 수업 시간　　　③ 학교생활

2 맞는 것을 고르세요.

① 여자는 이번 시험 점수가 좋지 않습니다.
② 여자는 그림을 그리면서 단어를 외웁니다.
③ 여자는 새로운 단어를 외우지만 자꾸 잊어버립니다.

친구들은 뭘 잘하는 것 같아요? 왜 잘하는 것 같아요?
What do you think your classmates are good at? Why do you think they're good?

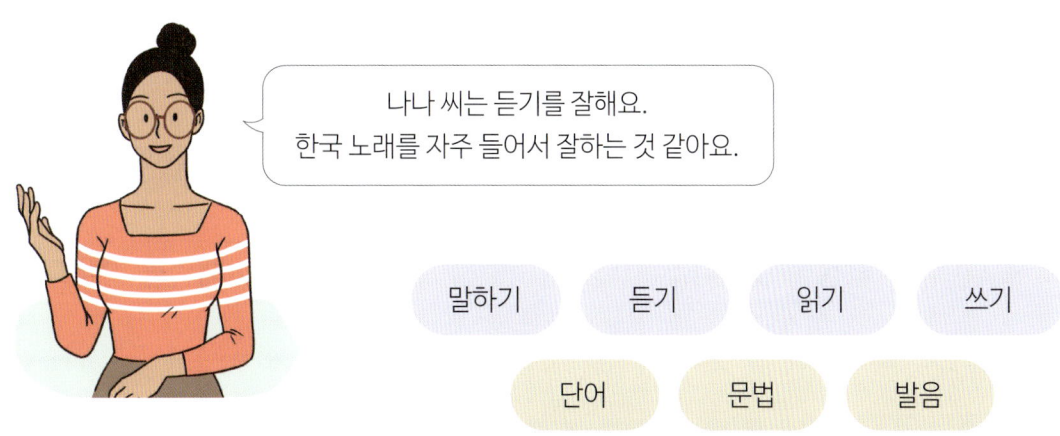

이번 this time   문장 sentence

기숙사를 신청하려면 어떻게 해야 하나요?
How do I apply for the dorms?

이메일을 쓰다 / 이메일을 확인하다

답장을 보내다 / 이메일을 지우다

이메일을 쓰다 to write an email 이메일을 확인하다 to check an email
답장을 보내다 to send a reply 이메일을 지우다 to delete an email

이야기해 보세요

▶ 이메일을 자주 사용해요?
▶ 한국어 수업 듣기 전에 뭘 했어요?
▶ 수업을 열심히 들으면 뭘 할 수 있어요?

문의하다

등록하다

교과서를 사다

학생증을 받다

상을 받다

장학금을 받다

수료하다

등록하다 to register	교과서를 사다 to buy a textbook
학생증을 받다 to receive one's student ID	상을 받다 to receive an award
장학금을 받다 to receive a scholarship	수료하다 to complete
학기 semester	등록금 tuition

준비 어디에 문의를 해 봤어요? 뭐에 대해서 문의했어요?
Where did you make the inquiry? What kind of inquiry did you make?

읽기 1 기숙사 신청 안내문입니다. 잘 읽고 맞는 것을 고르세요.
This is the announcement for the dorm application. Read carefully and choose the correct statement.

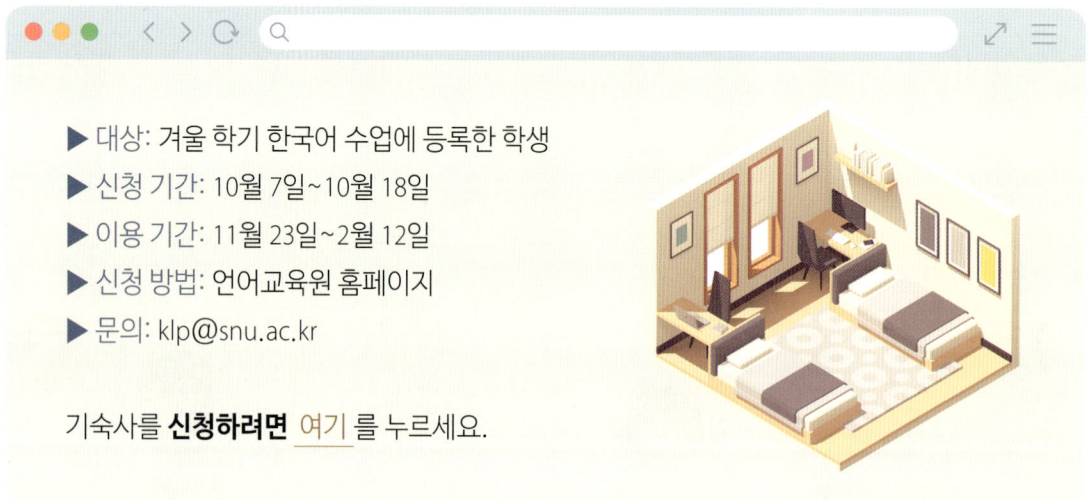

▶ 대상: 겨울 학기 한국어 수업에 등록한 학생
▶ 신청 기간: 10월 7일~10월 18일
▶ 이용 기간: 11월 23일~2월 12일
▶ 신청 방법: 언어교육원 홈페이지
▶ 문의: klp@snu.ac.kr

기숙사를 **신청하려면** 여기 를 누르세요.

① 기숙사를 신청하려면 이메일을 보내야 합니다.
② 기숙사를 신청하면 10월부터 기숙사에 살 수 있습니다.
③ 겨울 학기에 수업을 듣는 학생이 기숙사를 신청할 수 있습니다.

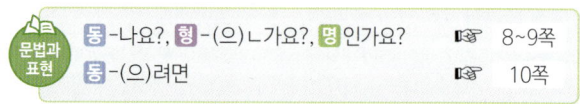

읽기 2 학교 게시판입니다. 잘 읽고 질문에 답해 보세요.
This is the school bulletin board. Read carefully and answer the questions.

자주 하는 질문(FAQ) | 학교생활

번호	질문과 답변
1	**Q** 한국어 수업을 듣고 싶어요. 어떻게 지원해야 **하나요**? **A** 언어교육원에서 한국어 수업을 **들으려면** 홈페이지에서 지원해야 합니다. 방문 접수나 이메일 접수는 받지 않습니다.
2	**Q** 학생증은 어떻게 **신청하나요**? **A** 학생증을 **받으려면** 홈페이지에 사진을 올려야 합니다. 사진을 올리면 학기 시작 2주일 후에 학생증을 받을 수 있습니다. 학생증이 있으면 스포츠 센터, 도서관 등을 이용할 수 있습니다.
3	**Q** 셔틀버스가 **있나요**? **A** 네. 지하철 2호선 서울대입구역 3번 출구로 나오면 서울대학교 셔틀버스 정류장이 있습니다. 서울대학교 학생은 무료로 버스를 이용할 수 있습니다.
4	**Q** 교과서는 어디에서 살 수 **있나요**? **A** 교과서는 서점에서 구매하거나 인터넷으로 주문할 수 있습니다.

1 한국어 수업을 들으려면 어떻게 해야 돼요? 알맞은 그림을 고르세요.

2 맞는 것을 고르세요.

① 셔틀버스를 타려면 요금을 내야 합니다.
② 교과서를 사려면 사무실에 가야 합니다.
③ 도서관에 가려면 학생증이 있어야 합니다.

학교에 문의하고 싶은 것이 있어요?
Is there anything you want to ask the school about?

> 저는 도서관 이용에 대해 문의하고 싶은데요.
> 도서관을 이용하려면 뭐가 필요한지 알고 싶어요.

답변 answer   지원하다 to apply   방문 visit   접수를 받다 to receive an application   후 after   등 et cetera   무료 free

준비 한국에 처음 유학 온 학생은 어떤 질문을 하고 싶어 할까요? 메모해 보세요.
What kind of questions do you think a study abroad student who came to Korea for the first time may have? Write down your notes.

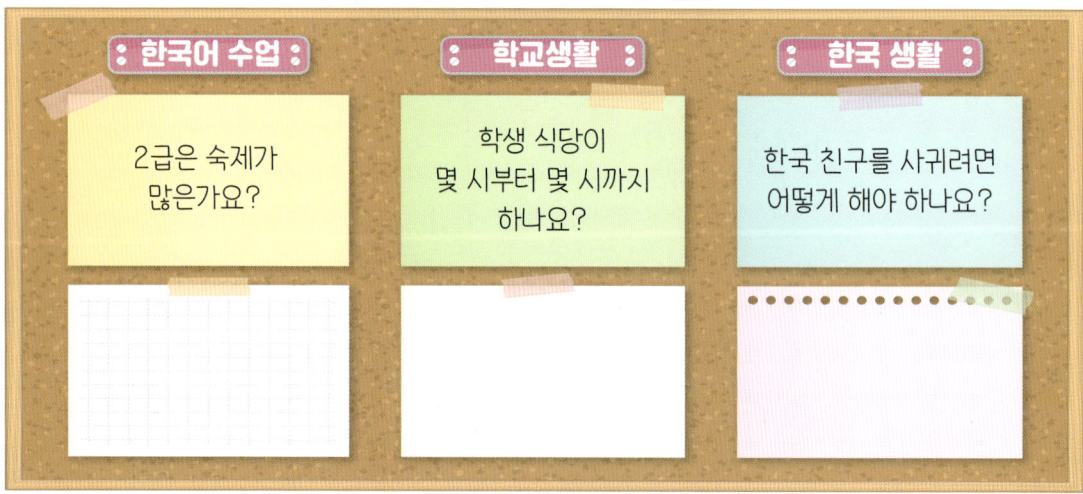

쓰기 한국에 처음 유학 온 학생을 위해서 위의 질문에 답글을 써 보세요.
Write the answers for the questions that you wrote above.

자주 하는 질문(FAQ)

	질문과 답변
한국어 수업	Q A
학교생활	Q A
한국 생활	Q A

궁금하다 to be curious   유학 study abroad

학교생활이나 한국 생활에 대한 정보를 친구에게 알려 주세요.
Give some information about your school life or life in Korea to your classmates.

1 학교생활이나 한국 생활에 대해서 알고 싶은 것이 있어요? 종이에 질문을 써 보세요.
Is there something you would like to know about school life or life in Korea? Write down your questions on a piece of paper.

2 여러분의 질문 종이를 상자에 넣어 주세요.
Place the paper with your questions in the box.

3 상자에서 질문 종이를 한 장씩 뽑으세요.
Pick a question from the box.

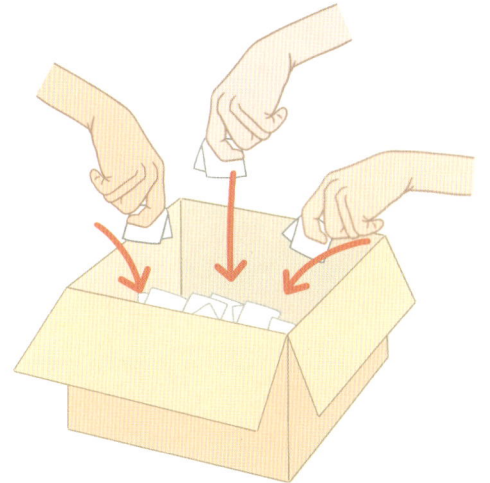
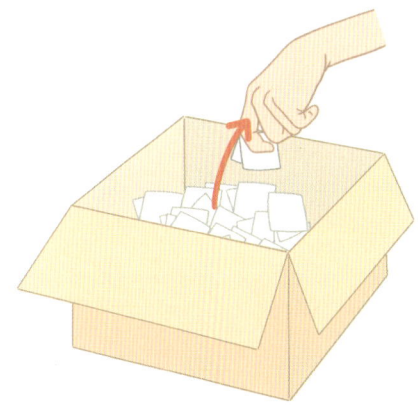

4 3~4명이 모여 반말로 이야기하면서 질문에 대한 답을 써 보세요.
Break up into groups of 3-4 people to talk in informal speech and answer the questions.

5 친구들 앞에서 여러분이 이야기한 학교생활이나 한국 생활 정보를 말해 주세요.
In front of your classmates, give some information of the things you discussed about school life or life in Korea.

채식 vegetarian diet

반말을 언제 사용할까요?
When do you use informal speech?

누구에게 반말을 사용할 수 있어요?
높임말을 사용하다가 반말을 하고 싶으면 어떻게 해야 할까요?

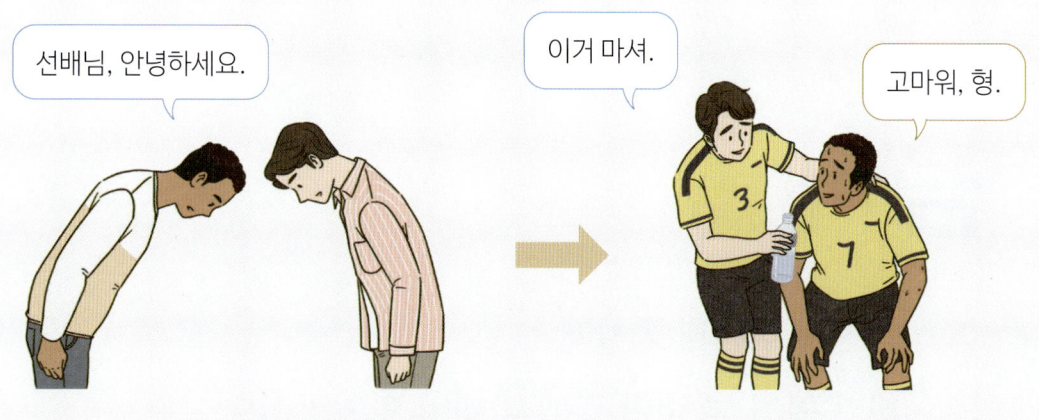

→ 여러분 나라에도 반말과 높임말이 있어요?

발음 Pronunciation

'읽다'의 'ㄺ'은 'ㄱ' 앞에서 [ㄹ]로 발음합니다. 그리고 'ㄴ, ㅁ' 앞에서 [ㅇ]으로 발음합니다. 그 외의 자음 앞에서는 [ㄱ]으로 발음합니다.

'ㄺ' of '읽다' is pronounced as [ㄹ] in front of 'ㄱ.' Also, it is pronounced as [ㅇ] in front of 'ㄴ, ㅁ.' In front of any other consonants, it is pronounced as [ㄱ].

예 가: 이번 시험 잘 봤어?
　　나: 아니. 나는 **읽기** 시험이 좀 어려웠어.

　　가: 취미가 뭐야?
　　나: 난 책 **읽는** 걸 좋아해.

자기 평가 Self-Check

☐ 오늘 수업 끝나고 뭐 해?
☐ 어떻게 하면 한국어를 잘할 수 있나요?

반말 informal speech　　사용하다 to use　　높임말 honorific

11

음식 Food

11-1 난 순두부찌개 먹을래

11-2 제가 먹어 본 냉면 중에서 제일 맛있었어요

1 좋아하는 한국 음식이 있어요?
2 전화나 앱으로 음식을 주문해 봤어요?

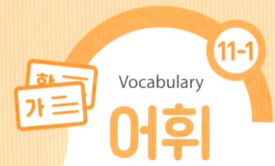

난 순두부찌개 먹을래
I want to have soft tofu stew

밥 rice/meal   볶음밥 fried rice
국수 noodles   라면 ramen   칼국수 knife-cut noodles
찌개 stew   순두부찌개 soft tofu stew   된장찌개 soybean paste stew
고기 meat   치킨 chicken   갈비 short ribs
탕 soup   감자탕 pork back-bone soup   삼계탕 ginseng chicken soup

이야기해 보세요

▶ 무슨 음식을 가장 좋아해요?
▶ 어떤 맛을 좋아해요? 어떤 맛을 싫어해요?

달다

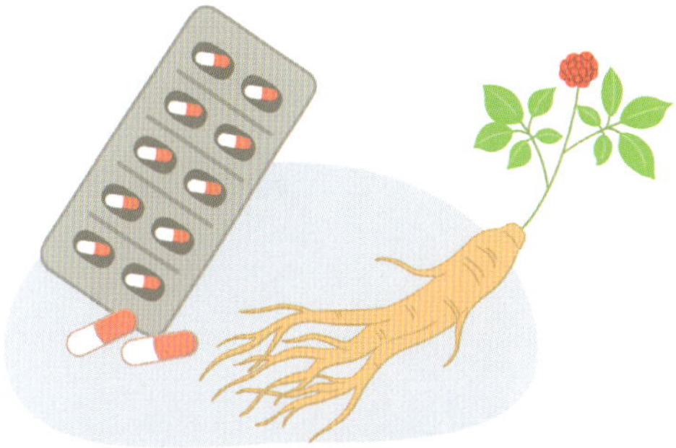

쓰다

짜다

시다

맵다

달다 to be sweet   쓰다 to be bitter   짜다 to be salty   시다 to be sour

Speaking 말하기 11-1

말하기 1 친구와 연습해 보세요.
Practice with your partner.

가: 너는 보통 어디에서 밥을 먹어?
나: 엄마손식당에서 먹는데 거기 음식이 맛있어.
가: 그래? 나도 가 보고 싶어.
나: 이번 주말에도 갈 건데 시간 있으면 같이 가자.

1) 커피를 마시다 / 사랑카페 / 커피가 맛있다
2) 쇼핑하다 / 홍대 앞 / 가게에 예쁜 옷이 많다
3) 놀다 / 강남 / 재미있는 것이 많다

말하기 2 친구와 연습해 보세요.
Practice with your partner.

가: 뭐 먹을래?
나: 종류가 많네. 넌 뭐 먹을 거야?
가: 여긴 순두부찌개가 맛있어. 난 순두부찌개 먹을래.
나: 그럼 나도 순두부찌개 먹어 볼래.

1) 시키다 / 감자탕
2) 주문하다 / 칼국수
3) 마시다 / 사과 주스

문법과 표현	
동-는데, 형-(으)ㄴ데 1	11~12쪽
동-(으)ㄹ래요	13쪽

홍대 Hongik University/Hongdae   종류 kind(s)   시키다 to order

말하기 3 친구와 이야기해 보세요.
Talk with your partner.

유진: 뭐 먹을래?

에릭: 난 이 식당이 처음이라서 잘 모르는데 여기는 뭐가 맛있어?

유진: 이 식당은 순두부찌개가 제일 유명해. 너도 그거 먹어 볼래?

에릭: 난 매운 거 잘 못 먹는데 순두부찌개는 매울 것 같아. 다른 거 먹어 볼래.

유진: 그럼 된장찌개는 어때? 된장찌개도 맛이 괜찮으니까 한번 먹어 봐.

에릭: 좋아. 난 된장찌개 먹을래.

유진: 여기요. 순두부찌개 하나하고 된장찌개 하나 주세요.

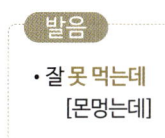

발음
- 잘 못 먹는데
  [몬멍는데]

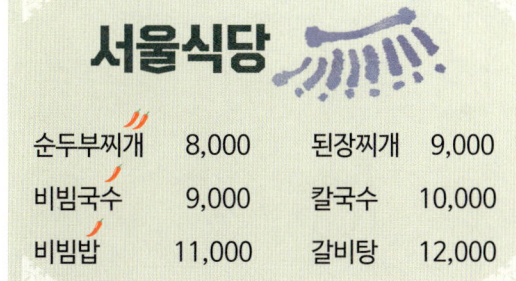

서울식당			
순두부찌개	8,000	된장찌개	9,000
비빔국수	9,000	칼국수	10,000
비빔밥	11,000	갈비탕	12,000

SNU카페			
인삼차	5,000	사과 주스	4,500
딸기 우유	6,000	녹차	4,000
레몬차	4,000	커피	5,000

순두부찌개, 맵다			
된장찌개			

비빔국수 spicy mixed noodles   인삼차 ginseng tea   레몬차 lemon tea

Listening 11-1
듣기

준비 무슨 음식을 좋아해요? 그 음식은 어떤 맛이에요?
What food do you like? What does it taste like?

듣기 1 크리스와 유진의 대화입니다. 잘 듣고 질문에 답해 보세요.
This is a conversation between Chris and Yujin. Listen carefully and answer the questions.

1 여자는 매일 뭘 마셔요? _____

2 그건 어떤 맛이에요? _____

건강을 위해서 먹는 것이 있어요?
Is there anything you take for your health?

> 저는 건강을 위해서
> 날마다 비타민을 한 알씩 먹어요.

을/를 위해서 for (something/someone)　　알 counter for pill/tablet　　씩 each

준비 친구에게 만들어 주고 싶은 고향 음식이 있어요? 어떤 음식이에요?

Is there a dish from your hometown you would like to make for your friend? What is it?

듣기 2 민우와 켈리의 대화입니다. 잘 듣고 질문에 답해 보세요.

This is a conversation between Minwoo and Kelly. Listen carefully and answer the questions.

1 두 사람은 뭐 하고 있어요? 알맞은 그림을 고르세요.

2 맞는 것을 고르세요.

① 여자는 고기를 좋아합니다.
② 여자는 비빔밥을 자주 먹었습니다.
③ 여자는 비빔밥에 고추장을 넣지 않았습니다.

자주 먹는 한국 음식이 있어요?

Is there a Korean dish you eat often?

> 저는 닭갈비를 자주 먹는데 특히 치즈 닭갈비를 좋아해요. 닭갈비는 좀 맵지만 치즈하고 같이 먹으면 정말 맛있어요.

(드라마에) 나오다 to appear (in a drama)   잘되다 to turn out well   채소 vegetable   대표 representative
고추장 red pepper paste   치즈 cheese

11-2 Vocabulary 어휘

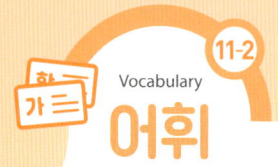

제가 먹어 본 냉면 중에서 제일 맛있었어요

Out of all the cold noodles I've had, this is the best

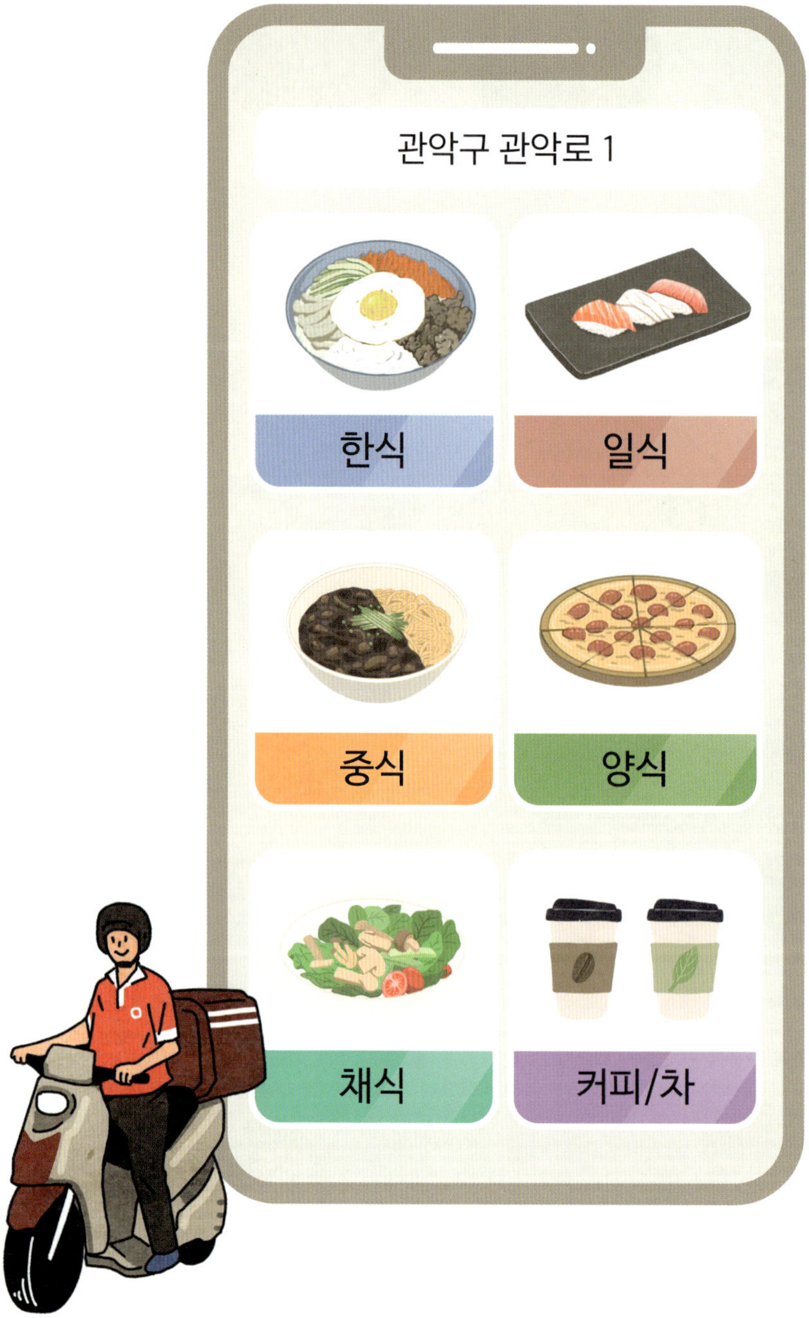
관악구 관악로 1
한식
일식
중식
양식
채식
커피/차

한식 Korean food
일식 Japanese food
중식 Chinese food
양식 Western food
채식 vegetarian food

이야기해 보세요

▶ 어떤 음식을 주문하고 싶어요?
▶ 이 식당은 어떤 식당이에요?

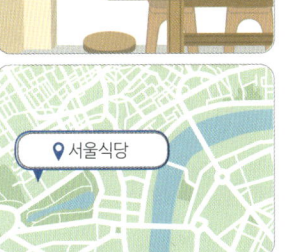

메뉴

| 삼겹살 추천👍 | 13,000원 | 김치찌개 | 9,000원 |
| 불고기 | 15,000원 | 된장찌개 | 9,000원 |

후기 ★ 4/5

맛	맛없어요	★★★★★	맛있어요
값	비싸요	★★★★☆	싸요
서비스	나빠요	★★★★☆	좋아요
교통	불편해요	★★★★☆	편리해요
분위기	나빠요	★★★☆☆	좋아요

메뉴 menu 추천 recommendation 후기 review 맛 taste
값이 싸다/비싸다 price is cheap/expensive 서비스가 좋다/나쁘다 service is good/bad
교통이 편리하다/불편하다 transportation is convenient/inconvenient
분위기가 좋다/나쁘다 atmosphere is good/bad

읽기

준비 어떤 종류의 음식을 좋아해요?
What kind of food do you like?

한식 중식 채식 일식

읽기 1 나나와 제니의 메시지입니다. 잘 읽고 맞으면 ○, 틀리면 × 하세요.
This is a text message between Nana and Jenny. Read carefully and write ○ for true and × for false.

 나나

와, 정말 맛있어 보이네.

 제니

그렇지? 친구들하고 채식 식당에 왔는데 서비스도 좋고 분위기도 좋아.

음식 맛도 좋아?
나도 먹어 보고 싶어.

채소들이 싱싱하고 맛있어.
하나 **사다 줄까**?

응. 그럼 네가 **먹은 것 중에서** 제일 맛있는 거 **사다 줘**. 고마워.

1) 이 식당은 직원이 친절하고 음식이 맛있습니다. (   )
2) 나나는 음식을 사서 제니에게 갈 것입니다. (   )

| 문법과 표현 | 명 중에서 | ☞ 14쪽 |
| | 동 -아다/어다 주다 | ☞ 15쪽 |

싱싱하다 to be fresh

읽기 2 **식당과 음식에 대한 후기입니다. 잘 읽고 질문에 답해 보세요.**
This is a review about the restaurant and its food. Read carefully and answer the questions.

> **후기**
>
> **후기가 좋아서 한번 시켜 봤는데 정말 맛있었어요**
>
> 저는 물냉면하고 갈비탕을 시켰는데 둘 다 좋았어요. 제가 매운 음식을 잘 못 먹어서 물냉면을 시켰는데 시원하고 맛있었어요. 제가 지금까지 먹어 본 **냉면 중에서** 이 식당 물냉면이 제일 맛있었어요. 갈비탕은 국물도 많고 고기도 많았어요. 콜라도 무료로 **가져다줘서** 좋았어요.
>
> 값은 조금 비싸고 배달 시간도 오래 걸렸지만 맛있고 서비스도 좋아서 다음에 또 주문할 것 같아요.

1 이 사람의 후기로 알맞은 것을 고르세요.

2 맞는 것을 고르세요.

① 이 사람은 물냉면을 처음 먹어 봤습니다.
② 이 사람은 후식으로 음료수를 배달시켰습니다.
③ 이 사람은 다른 사람의 후기를 보고 음식을 주문했습니다.

💬 **앱이나 전화로 음식 주문을 해 봤어요? 뭘 시켰어요? 뭐가 제일 맛있었어요?**
Have you ordered food over the phone or using an app? What did you order? What was the most delicious thing have had?

> 저는 한식을 자주 시켜요.
> 제가 먹어 본 음식 중에서 ….

물냉면 cold buckwheat noodles　　국물 soup　　가져다주다 to bring/deliver　　배달 delivery　　후식 dessert

Writing 쓰기 11-2

준비 **여러분이 주문한 음식과 식당에 대해서 메모해 보세요.**
Take notes on the food and restaurant you ordered from.

메뉴	
맛	☆☆☆☆☆
값	☆☆☆☆☆
배달	☆☆☆☆☆
서비스	☆☆☆☆☆

쓰기 **여러분이 주문한 음식과 식당에 대한 후기를 써 보세요.**
Write a review on the food and restaurant you ordered from.

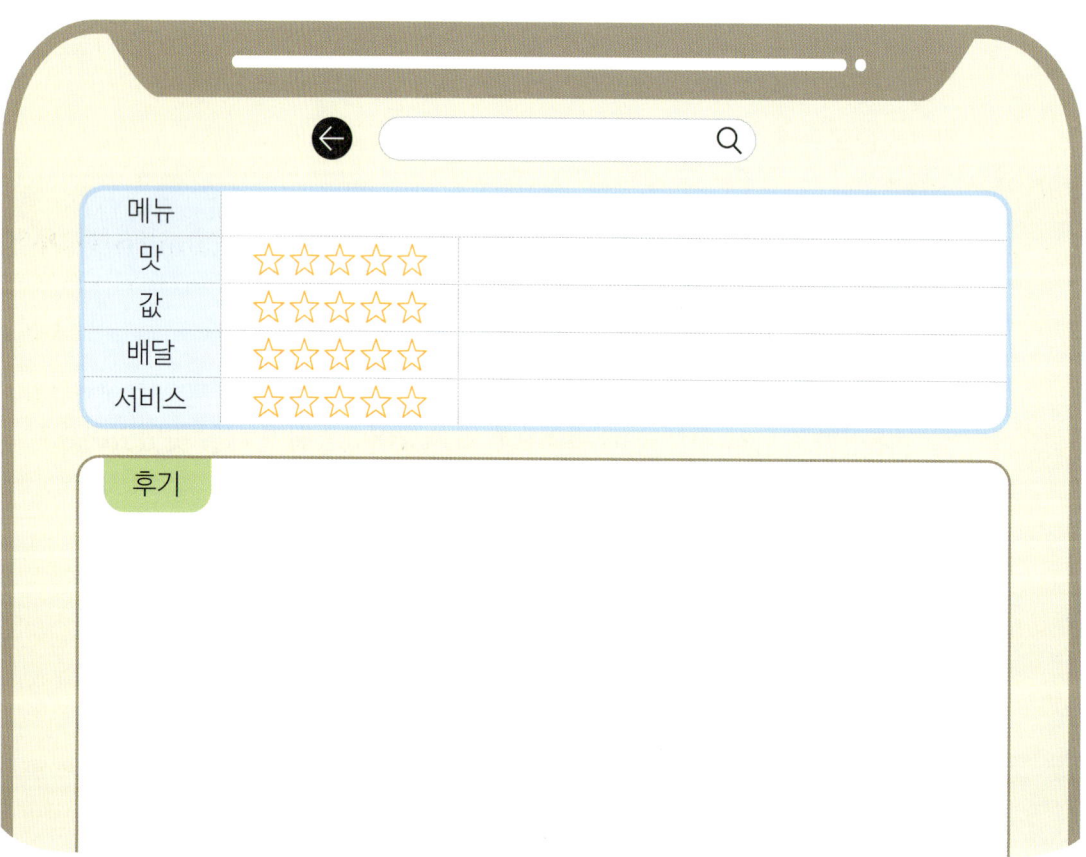

학교 근처 맛집 지도를 만들어 보세요.
Draw a map of all the must-eat place nearby school.

활동지 166쪽

1 학교 근처에 있는 식당 중에서 자주 가는 곳이 있어요? 그 식당에 대해서 메모해 보세요.
Is there a restaurant nearby school that you often go to? Write down your notes about the restaurant.

보기

식당 이름	사랑식당	음식 종류	한식
추천 메뉴	비빔밥, 순두부찌개	서비스	★★★☆☆
맛	★★★★★	교통	★★★★★
값	★★★★★	분위기	★☆☆☆☆
기타	고기를 못 먹는 사람은 직원에게 먼저 이야기하세요. 고기를 빼고 줄 거예요.		

2 칠판에 학교를 그리고 그 옆에 **1**의 메모를 붙이세요.
Draw the school on the blackboard and stick your notes from the previous activity next to it.

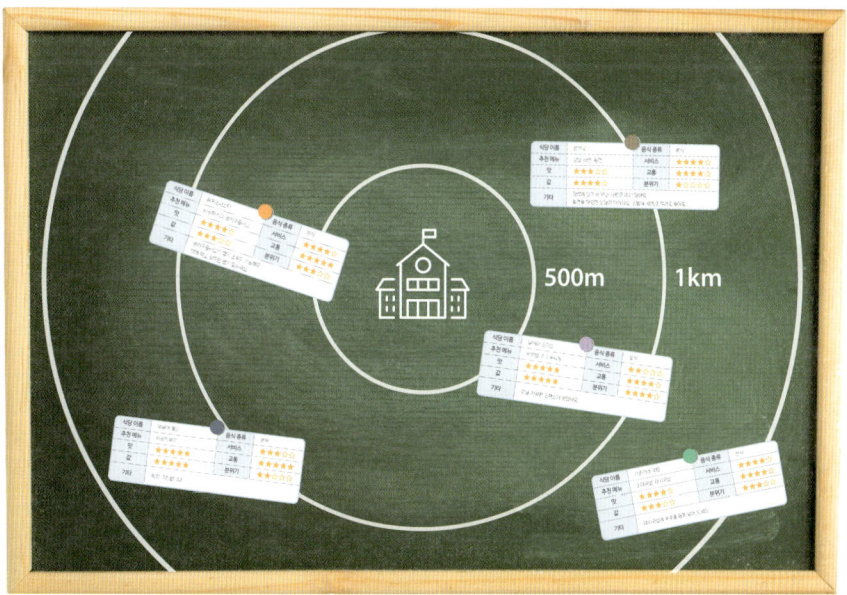

빼다 to take out

11-2. 제가 먹어 본 냉면 중에서 제일 맛있었어요 **49**

3 친구들에게 그 식당을 소개해 보세요.

Share with your classmates about the restaurant you often go to.

여기는 제가 자주 가는 사랑식당인데 한식을 파는 곳이에요. 이 식당의 음식은 다 맛있지만 그중에서 ….

4 3~4명이 모여서 같이 갈 식당을 골라 보세요.

Break up into groups of 3-4 people to talk about which restaurant to go to.

우리 오늘 같이 점심 먹을까요?

좋아요. 날씨가 추운데 따뜻한 삼계탕을 먹으러 갈래요?

그런데 자밀라 씨가 고기를 못 먹으니까 ….

5 친구들과 고른 식당에 같이 가서 맛있게 드세요.

Go to the restaurant you and your classmates decided on and enjoy a meal.

Culture

한국의 반찬 문화를 알아요?
Do you know about Korea's side dish culture?

한국 식당에서 주문하지 않았는데 주는 음식이 있었어요? 뭘 줬어요?
그 음식을 더 먹고 싶으면 어떻게 해야 돼요?

➤ 여러분 나라의 식당에도 무료로 주는 음식이 있어요?

발음 Pronunciation

두 단어를 함께 발음하는 경우 앞 단어의 마지막 음절 받침소리가 [ㄷ]이고 뒤에 오는 단어가 'ㄴ, ㅁ, ㅇ'으로 시작하면 받침소리 [ㄷ]은 [ㄴ]으로 발음합니다.
When pronouncing two words together, if the first word's last syllable's final consonant sound is [ㄷ] and the following word starts with 'ㄴ, ㅁ, ㅇ,' then the final consonant sound [ㄷ] is pronounced as [ㄴ].

예 가: 우리 떡볶이 먹을까요?   가: 몇 분이세요?
    나: 미안해요. 저는 매운 거 잘 못 먹어요.   나: 다섯 명이에요.

자기 평가 Self-Check

☐ 좋아하는 한국 음식이 뭐예요? 그 음식은 맛이 어때요?

☐ 자주 가는 식당이 어디예요? 거기에 왜 자주 가요?

반찬 side dish(es)

12

외모와 성격 Appearances & Personalities

12-1 까만 스웨터를 입고 있어요

12-2 제 친구는 바다처럼 마음이 넓습니다

1 어떤 옷을 자주 입어요?
2 어떤 사람을 좋아해요?

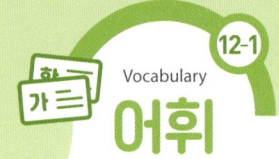

까만 스웨터를 입고 있어요
The man is wearing a black sweater

색깔/색

까만색/검은색
회색
하얀색/흰색
노란색
빨간색
파란색
초록색/녹색
보라색
주황색
갈색
분홍색
하늘색

색깔/색 color	까만색/검은색 black	하얀색/흰색 white	회색 gray	빨간색 red
노란색 yellow	파란색 blue	초록색/녹색 green	보라색 purple	주황색 orange
갈색 brown	분홍색 pink	하늘색 sky blue		

이야기해 보세요

▶ 무슨 색을 좋아해요?
▶ 오늘 뭘 입었어요?

- 입다
- 신다 
- 끼다 
- 쓰다
- 하다 
- 메다 

끼다 to put on (ring, glasses, etc.)   하다 to wear (necktie, scarf, etc.)   메다 to carry (bag)

Speaking 말하기 12-1

말하기 1 친구와 연습해 보세요.
Practice with your partner.

가: 누나, 이 까만 운동화 어때?
나: 글쎄. 그 청바지하고 잘 안 어울리는 것 같아.
가: 그럼 하얀 거 신을까?
나: 그래. 그게 더 좋을 것 같네.

1)
| 파랗다, 가방 |
| 스웨터 |
| 하얗다, 메다 |

2)
| 노랗다, 넥타이 |
| 양복 |
| 파랗다, 하다 |

3)
| 빨갛다, 장갑 |
| 코트 |
| 까맣다, 끼다 |

말하기 2 친구와 연습해 보세요.
Practice with your partner.

가: 여기 초록색 티셔츠를 입고 있는 아이가 안나 씨예요?
나: 아니요. 그건 우리 언니예요.
가: 그럼 누가 안나 씨예요?
나: 그 옆에 노란색 모자를 쓰고 있는 아이가 저예요.

1)
| 보라색 원피스를 입다 |
| 분홍색 가방을 메다 |

2)
| 회색 안경을 끼다 |
| 갈색 모자를 쓰다 |

3)
| 초록색 목도리를 하다 |
| 하늘색 장갑을 끼다 |

문법과 표현: 'ㅎ' 불규칙 ☞ 16쪽 / 동-고 있다 ☞ 17쪽

글쎄 well   청바지 blue jeans   장갑 gloves   목도리 scarf/muffler

말하기 3 친구와 이야기해 보세요.
Talk with your partner.

제니: 하이 씨, 저 사람이 누구예요?
하이: 누구요? 조금 전까지 저하고 이야기한 사람이요?
제니: 네. 까만 스웨터를 입고 있는 남자요.
하이: 까만 스웨터에 회색 가방 메고 있는 사람이요?
제니: 네. 맞아요.
하이: 아, 제 동아리 선배예요.
제니: 그래요? 어디에서 본 것 같은데 기억이 잘 안 나서 물어봤어요.
하이: 선배가 학교 앞 카페에서 아르바이트를 해요. 아마 거기에서 봤을 거예요.

발음
- 회색 가방
  [회색까방]

1)
까만색 스웨터, 입다
회색 가방, 메다

2)

3)

동아리 club   선배 upper classmate   기억이 나다 to remember

준비 친구는 오늘 옷차림이 어때요?
What is your partner wearing today?

듣기 1 백화점 안내 방송입니다. 잘 듣고 맞으면 ○, 틀리면 × 하세요.
This is the department store's public announcement. Listen carefully and write ○ for true and × for false.

1) 아이는 노란색 가방을 메고 있습니다.　　　(　　)
2) 아이는 안내 데스크 직원과 함께 있습니다.　　(　　)

아이 때 어떤 옷을 좋아했어요?
What kind of clothes did you like when you were a child?

저는 아이 때 노란색 코끼리 티셔츠를 좋아해서 날마다 입었어요.

안내 데스크 information desk　　코끼리 elephant

준비 다음 상황에서 어떤 옷을 입고 가는 것이 좋아요?

In the following occasions, what kind of clothes should you wear?

듣기 2 엥흐와 아야나의 대화입니다. 잘 듣고 질문에 답해 보세요.

This is a conversation between Enkh and Ayana. Listen carefully and answer the questions.

1 여자는 왜 창피했어요?

2 맞는 것을 고르세요.

① 여자는 시간이 없어서 옷을 못 갈아입었습니다.
② 여자는 친구가 옷을 잘못 입어서 기분이 안 좋았습니다.
③ 여자는 장례식장에서 친구가 옆에 있어서 힘이 났습니다.

언제 옷을 잘못 입은 것 같았어요?

When did you think you were wearing the wrong type of clothes?

> 지난주에 면접에 갔는데 다른 사람들은 어두운색 정장을 입고 왔어요. 그런데 저만 빨간 원피스를 입고 가서 사람들이 쳐다봤어요.

창피하다 to be embarrassed   돌아가시다 to pass away   장례식장 funeral hall   갈아입다 to change one's clothes
힘이 나다 to be encouraged   면접 interview   정장 suit   쳐다보다 to look at

12-2 Vocabulary 어휘

제 친구는 바다처럼 마음이 넓습니다

My friend has a heart of gold

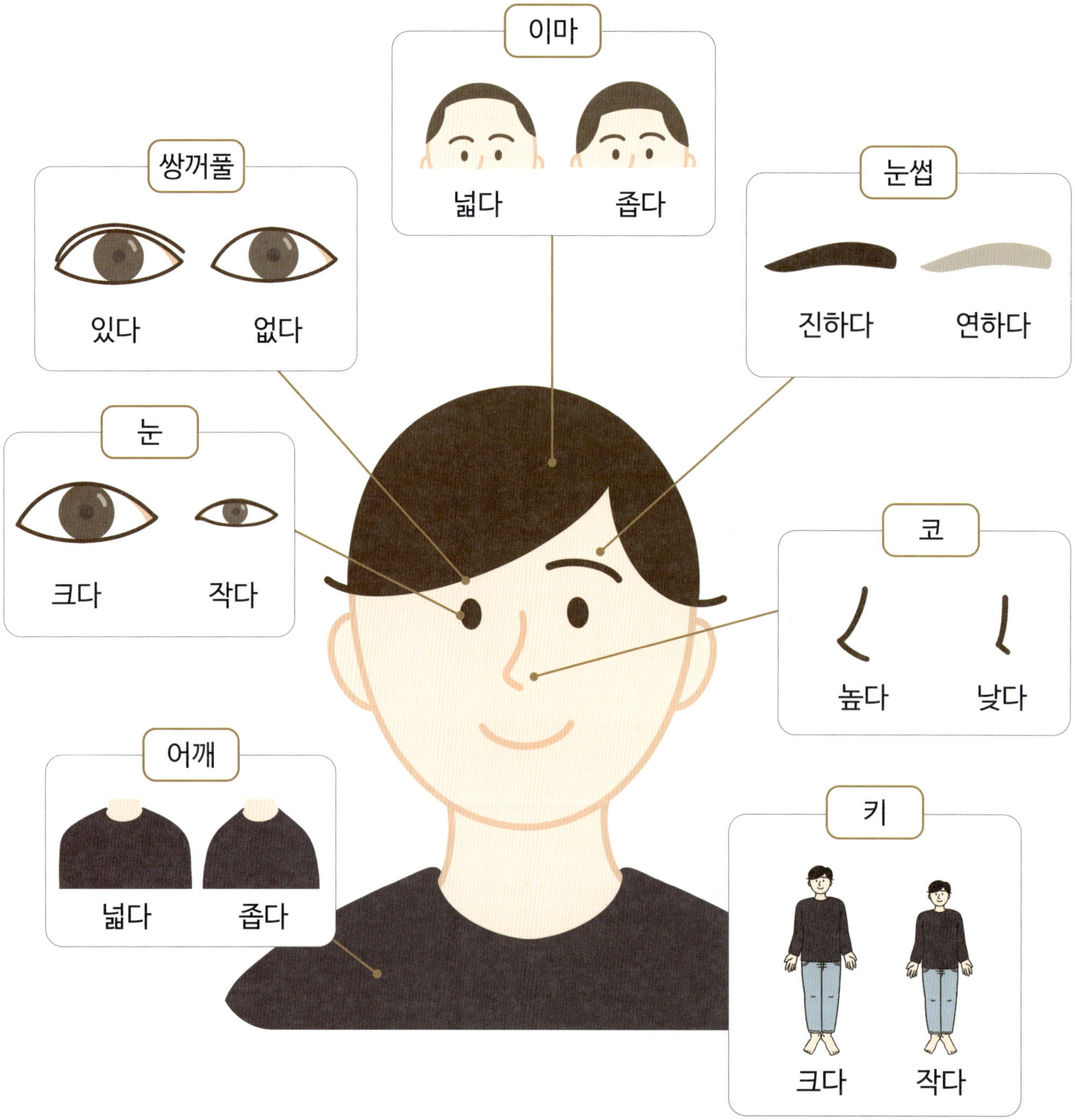

이마
넓다
좁다
쌍꺼풀
있다
없다
눈썹
진하다
연하다
눈
크다
작다
코
높다
낮다
어깨
넓다
좁다
키
크다
작다

이마가 넓다/좁다 to have a wide/narrow forehead

쌍꺼풀이 있다/없다 to have double eyelids/to not have double eyelids

눈썹이 진하다/연하다 to have dark/light eyebrows

어깨가 넓다/좁다 to have broad/narrow shoulders

이야기해 보세요
▶ 여러분의 외모가 어때요?
▶ 여러분의 성격이 어때요?

활발하다

내성적이다

부지런하다

게으르다

성격이 급하다   느긋하다

착하다

활발하다 to be active	내성적이다 to be introverted	부지런하다 to be diligent
게으르다 to be lazy	성격이 급하다 to be impatient	느긋하다 to be laid back
착하다 to be nice		

Reading 읽기 12-2

준비 여러분은 누구와 닮았어요? 어디가 닮았어요?
Who do you resemble? Where do you resemble?

읽기 1 민우 친구의 에스엔에스(SNS)입니다. 잘 읽고 빈칸에 알맞은 그림을 고르세요.
This is Minwoo's friend's social media posting. Read carefully and choose the picture that best fits in the blank.

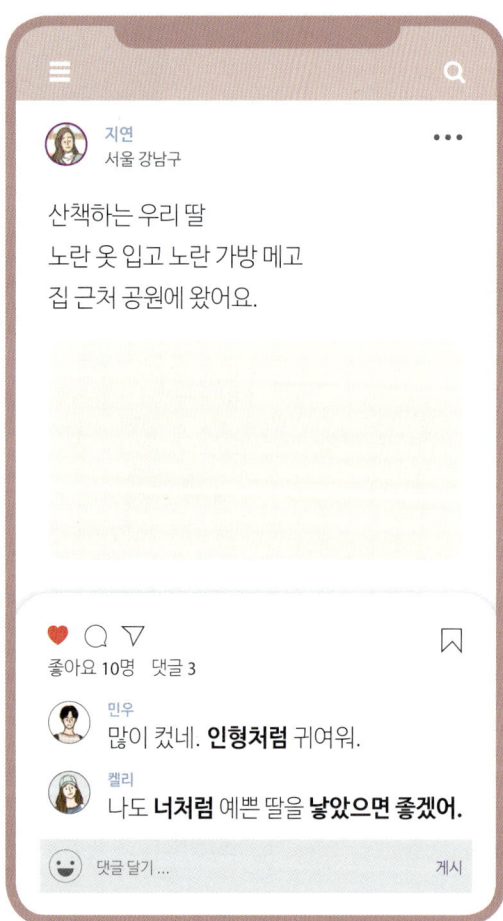

①

②

③

문법과 표현
명 처럼/같이 ☞ 18쪽
동 형 -았으면/었으면 좋겠다 ☞ 19쪽

댓글 comments   크다 to grow   낳다 to give birth

읽기 2 자밀라의 글입니다. 잘 읽고 질문에 답해 보세요.
This is Jamila's writing passage. Read carefully and answer the questions.

내 친구 나타샤

저와 가장 친한 친구의 이름은 나타샤입니다. 우리는 초등학생 때 같은 반이었는데 옆집에 살아서 **가족처럼** 지냈습니다.

우리는 키도 비슷하고 얼굴도 닮았습니다. 저와 나타샤는 모두 눈이 크고 코가 높습니다. 눈썹도 진합니다.

하지만 우리는 성격이 매우 다릅니다. 나타샤는 활발하지만 저는 내성적입니다. 그래서 저는 친구들이 많지 않지만 나타샤는 친구들이 많습니다. 나타샤는 착하고 **바다처럼** 마음이 넓어서 같이 있으면 항상 마음이 편합니다.

지금 제가 한국에 있어서 나타샤를 오랫동안 못 만났습니다. 나타샤가 한국에 빨리 **왔으면 좋겠습니다**. 나타샤가 오면 같이 맛있는 음식도 먹고 쇼핑도 하고 싶습니다.

1 왜 이 글을 썼어요? 맞는 것을 고르세요.

① 친구를 소개하려고　　② 친구를 초대하려고　　③ 친구를 추천하려고

2 맞는 것을 고르세요.

① 자밀라와 친구는 외모가 비슷합니다.
② 자밀라의 친구는 지금 한국에 있습니다.
③ 자밀라와 친구는 초등학생 때 같이 살았습니다.

 가장 친한 친구를 언제, 어디에서 처음 만났어요?
When and where did you meet your best friend for the first time?

저와 제일 친한 친구는 뚜안인데 고등학생 때 같은 반에서 공부했어요. 뚜안은 형처럼 저를 잘 도와줘요. …

가장 the most	초등학생 elementary school student	때 at the time	반 class	옆집 next-door house
비슷하다 to be similar	닮다 to resemble	매우 very	외모 appearance	고등학생 high school student

Writing 쓰기 12-2

준비 가장 친한 친구에 대해서 메모해 보세요.
Write down some notes about your best friend.

친구와의 만남	친구 이름이 뭐예요?
	어떻게 만났어요?
	같이 뭐 했어요?
친구의 외모와 성격	친구는 얼굴이 어떻게 생겼어요? 여러분하고 비슷해요? 달라요?
	친구는 성격이 어때요? 여러분하고 비슷해요? 달라요?
친구에게 바라는 것	친구에게 바라는 것이 있어요? 친구와 뭐 하고 싶어요?

쓰기 가장 친한 친구를 소개하는 글을 써 보세요.
Write an introductory passage about your best friend.

만남 meeting   생기다 to look like   바라다 to wish

이상형을 찾아보세요.
Look for your ideal type.

1 나의 이상형에 표시해 보세요.
Place a checkmark on your ideal type.

나의 이상형

성별	☐ 남자	☐ 여자
외모	☐ 눈이 크다 ☐ 쌍꺼풀이 있다 ☐ 코가 높다 ☐ 머리가 길다 ☐ _____	☐ 눈이 작다 ☐ 쌍꺼풀이 없다 ☐ 코가 낮다 ☐ 머리가 짧다 ☐ _____
성격	☐ 활발하다 ☐ 부지런하다 ☐ _____	☐ 내성적이다 ☐ 성격이 느긋하다 ☐ _____

2 어떤 사람을 만나고 싶어요? 친구에게 나의 이상형에 대해서 이야기해 보세요.
What type of person do you want to date? Talk with your partner about your ideal type.

- 아야나 씨는 어떤 사람을 만나고 싶어요?
- 저는 좀 내성적이니까 활발한 사람을 만났으면 좋겠어요.
- 그럼 어떻게 생긴 사람이 좋아요?
- 저는 눈이 작고 쌍꺼풀이 없는 사람이 좋아요.

이상형 ideal type

3 친구의 이상형을 들으면서 메모하세요.
Write down your partner's ideal type.

_____ 씨의 이상형	
성별	☐ 남자　　　　☐ 여자
외모	
성격	

4 주변 사람이나 유명한 사람 중에서 친구의 이상형에 맞는 사람을 찾아보세요.
그리고 친구에게 그 사람의 사진을 보여 주면서 소개해 주세요.
Find someone around you or a famous person that meets the criteria. Also, show your partner the person you found and introduce them.

문화 / Culture

● **이 동물의 성격이 어떨까요?**
What do you think this animal's personality is like?

이야기에 자주 나오는 동물들이에요. 이 동물의 성격이 어떨까요?

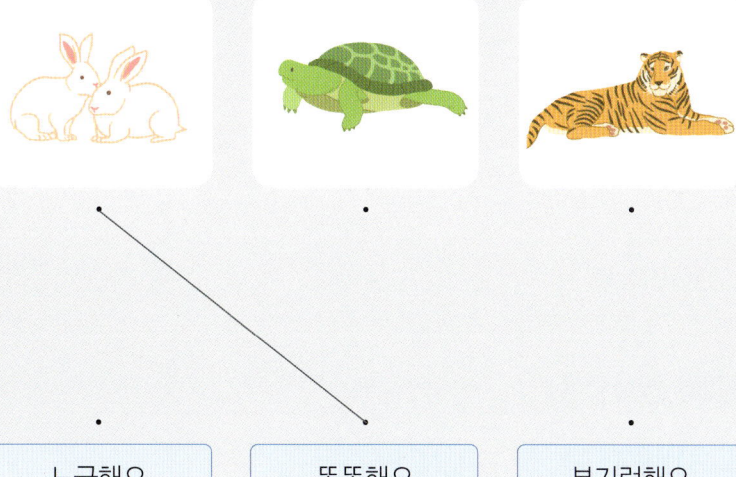

| 느긋해요 | 똑똑해요 | 부지런해요 | 급하고 무서워요 |

↳ 여러분 나라에도 이런 성격을 가진 동물이 있어요?

발음 Pronunciation

두 단어를 함께 발음하는 경우 앞 단어의 마지막 음절 받침소리가 [ㄱ]이고 뒤에 오는 단어가 'ㄱ, ㄷ, ㅂ, ㅅ, ㅈ'으로 시작하면 [ㄲ, ㄸ, ㅃ, ㅆ, ㅉ]로 발음합니다.

When pronouncing two words together, if the first word's last syllable's final consonant sound is [ㄱ] and the following word starts with 'ㄱ, ㄷ, ㅂ, ㅅ, ㅈ,' they are pronounced as [ㄲ, ㄸ, ㅃ, ㅆ, ㅉ].

예) 가: 무슨 색 가방을 멨어요? 가: 동생이 누구예요?
   나: 회색 가방을 멨어요. 나: 저기 파란색 바지를 입고 있는 사람이에요.

자기 평가 Self-Check

☐ 오늘 어떤 옷을 입었어요?
☐ 여러분의 이상형은 어떤 사람이에요?

13

감정 Emotions

- **13-1** 너무 속상하겠어요
- **13-2** 친구들과 친해지고 싶습니다

1 이 사람들은 기분이 어떤 것 같아요?
2 여러분의 마음을 잘 아는 좋은 친구가 있어요?

13-1 너무 속상하겠어요
You must be so upset

기분이 좋다

기쁘다

신나다

즐겁다

외롭다

답답하다

기쁘다 to be delighted   신나다 to be excited   즐겁다 to be joyful
외롭다 to be lonely   답답하다 to be frustrated

이야기해 보세요

▶ 언제 기분이 좋아요?
▶ 왜 속상해요?

속상하다

창피하다

짜증이 나다

화나다

긴장되다

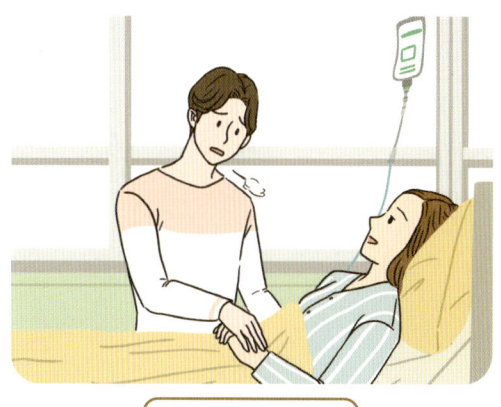
걱정되다

속상하다 to be upset	화나다 to be angry	짜증이 나다 to be annoyed
창피하다 to be embarrassed	긴장되다 to be nervous	걱정되다 to be worried

말하기 1 친구와 연습해 보세요.
Practice with your partner.

가: 요즘 너무 짜증이 나요.
나: 왜요? 무슨 일 있어요?
가: 아르바이트 때문에 매일 집에 늦게 가요.
　　좀 쉬었으면 좋겠어요.
나: 너무 무리하지 말고 주말에는 좀 쉬세요.

1) 스트레스가 많다 / 시험 / 공부만 하다
2) 피곤하다 / 회사 일 / 일찍 일어나다
3) 힘들다 / 숙제 / 늦게 자다

말하기 2 친구와 연습해 보세요.
Practice with your partner.

가: 무슨 좋은 일 있어요? 기분이 아주 좋아 보여요.
나: 네. 주말에 가족들하고 제주도에 여행 가기로 했어요.
가: 와, 좋겠어요.
나: 네. 정말 기대돼요.

1) 친구하고 놀이공원에 가다 / 재미있다
2) 부모님이 한국에 오시다 / 기쁘다
3) 친구들하고 우리 집에서 놀다 / 신나다

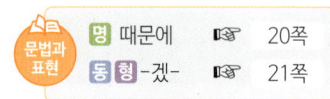

문법과 표현
명 때문에 ☞ 20쪽
동 형 -겠- ☞ 21쪽

기대되다 to look forward to　　놀이공원 amusement park

말하기 3 친구와 이야기해 보세요.
Talk with your partner.

다니엘: 유진 씨, 기분이 안 좋아 보여요.
유 진: 네. 동생 때문에 너무 짜증이 나요.
다니엘: 왜요? 무슨 일 있었어요?
유 진: 동생이 제가 제일 아끼는 신발을 몰래 신고 나갔어요.
다니엘: 정말요? 너무 속상하겠어요.
유 진: 이번이 처음이 아니라서 더 화가 나요.
다니엘: 제 동생도 자주 그래서 저하고 많이 싸웠어요. 동생하고 이야기 좀 해 보는 게 어때요?
유 진: 네. 오늘 이야기해 볼게요.

발음
• 신고
 [신꼬]

1)

짜증이 나다
동생, 신발을 몰래 신고 나가다

2)

3)

아끼다 to cherish   몰래 secretly

준비
스트레스 받는 일이 있어요?
Is something stressing you out?

듣기 1
나나와 하이의 대화입니다. 잘 듣고 맞는 것을 고르세요.
This is a conversation between Nana and Hai. Listen carefully and choose the correct statement.

① 남자는 회사 일을 잘 끝내서 신났습니다.
② 남자는 다음 주에 여자와 함께 강릉에 갈 것입니다.
③ 남자는 회사에 일이 많아서 여행 갈 시간이 없었습니다.

스트레스를 받으면 어떻게 해요?
What do you do when you're stressed out?

휴가를 내다 to take a vacation   벌써 already   끝내다 to end

준비 친구가 여러분의 고민을 듣고 어떻게 해 줬으면 좋겠어요?
What do you want your friend to do for you after hearing your concerns?

듣기 2 뉴스 인터뷰입니다. 잘 듣고 질문에 답해 보세요.
This is a news interview. Listen carefully and answer the questions.

1 뭐에 대해서 인터뷰하고 있어요? 맞는 것을 고르세요.

　① 아이와 주말을 보내는 법
　② 아이와 대화를 잘하는 법
　③ 아이의 성적을 올리는 법

2 "친구하고 싸워서 너무 화가 나요."라는 말을 들으면 먼저 뭐라고 말하는 것이 좋아요? 알맞은 대답을 고르세요.

　① 그 친구하고 놀지 마.
　② 친구 때문에 정말 속상하겠네.
　③ 그 친구에게 먼저 연락하는 게 어때?

💬 화가 나거나 속상한 일이 있어요? 친구와 이야기해 보세요.
Are you angry or upset about something? Talk with your partner about it.

인터뷰 interview　　행복 happiness　　연구소 research institute　　대화를 하다 to converse　　성적 grades　　조언하다 to advise
알아주다 to acknowledge　　중요하다 to be important　　올리다 to improve

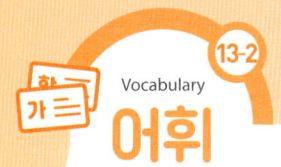

13-2 친구들과 친해지고 싶습니다
I want to become close with my classmates

사이가 좋다

사이가 나쁘다

사이가 가깝다/멀다 to be close/not be close   사이가 좋다/나쁘다 to be on good/bad terms

이야기해 보세요

▶ 어떤 친구가 있어요?
▶ 친구하고 무슨 일이 있었어요?

거짓말하다

싸우다

부탁하다

거절하다

사귀다

헤어지다

거짓말하다 to lie	싸우다 to fight	부탁하다 to ask a favor
거절하다 to refuse	사귀다 to date	헤어지다 to break up

Reading 13-2 읽기

준비 어떤 고민이 있어요?
What concerns do you have?

읽기 1 책 광고입니다. 잘 읽고 질문에 답해 보세요.
This is a book advertisement. Read carefully and choose the correct statement.

❖ 이 책을 읽으면 좋을 것 같은 사람은 누구예요? 모두 고르세요.

직장 생활을 바꾸는 말

직장에서 점심시간마다 동료들과 같이 식사하는 게 불편하신가요? 동료들과 사이가 좋지 않아서 고민이신가요? 어려운 부탁을 거절하는 방법을 알고 싶으신가요?

직장 생활이 **힘들 때** 이 책을 한번 읽어 보세요. 여러분의 직장 생활을 바꿀, 쉽고 놀라운 대화 방법이 이 책에 있습니다.

① 직장 생활에 익숙해진 사람
② 부탁을 거절하지 못해서 힘든 사람
③ 직장 동료들과 친해지는 것이 어려운 사람

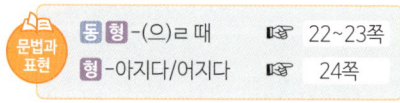

직장 workplace   점심시간 lunch time   동료 co-worker   놀랍다 to be surprising   익숙하다 to be familiar

읽기 2 하이의 글입니다. 잘 읽고 질문에 답해 보세요.
This is Hai's writing passage. Read carefully and answer the questions.

저는 처음 한국에 **왔을 때** 친구가 없어서 많이 외로웠습니다. 같이 한국어를 배우는 반 친구들과 **친해지고** 싶었습니다. 그런데 한국어도 잘 못하고 성격도 내성적이라서 친구들과 이야기하는 것이 불편했습니다. 그래서 친구들에게 매일 좋은 말을 하나씩 해 주기로 했습니다. '제니 씨는 한국어를 정말 잘하네요.', '저도 에릭 씨처럼 운동을 잘했으면 좋겠어요.', '나나 씨는 참 친절하네요.'
　이렇게 좋은 말로 이야기를 시작하니까 분위기가 **편안해져서** 친구들과 더 **가까워졌습니다**. 여러분도 친해지고 싶은 사람이 있으면 매일 그 사람에게 좋은 말을 하나씩 해 보세요.

1 빈칸에 들어갈 제목으로 알맞은 것을 고르세요.

① 성격을 바꾸는 법　　② 매일 좋은 말을 하는 법　　③ 사람들하고 친해지는 법

2 맞는 것을 고르세요.

① 하이는 한국어를 배우면서 좋은 말을 많이 들었습니다.
② 하이는 처음 한국에 왔을 때 친구를 사귀고 싶지 않았습니다.
③ 하이는 성격 때문에 반 친구들과 이야기하는 것이 힘들었습니다.

 여러분은 친구들과 어떻게 친해졌어요?
How did you become close with your friends?

저는 한국에 처음 왔을 때 친구가 없었어요. 반 친구들하고 빨리 친해지고 싶어서 친구들의 이름을 외우고 아침마다 먼저 인사했어요. …

편안하다 to be comfortable

Writing 쓰기 13-2

준비 친구와 잘 지내는 좋은 방법이 있어요? 아래에서 하나를 골라 메모해 보세요.
What is a good way to get along with friends? Choose one from below and write down your notes.

☐ 친구를 사귀는 법   ☐ 싸운 친구와 다시 잘 지내는 법

친구 관계의 문제	언제
	누구와
	무슨 일이 있었어요?
문제 해결 방법	뭐 했어요? • 무슨 말을 했어요? • 어떤 행동을 했어요?
결과	어떻게 되었어요?

쓰기 나의 경험을 바탕으로 친구와 잘 지낼 수 있는 좋은 방법을 써 보세요.
Based on your experience, write down a good way to get along with friends.

관계 relationship   해결 resolution   행동 behavior   결과 result

친구와 함께 문제 해결 방법을 찾아보세요.
Try to find a resolution to a problem with your partner.

활동지 167쪽

1 그림 카드를 한 장 골라서 그림 속 사람이 되어 이야기해 보세요.
Choose a card and pretend to be the person in the picture and talk about the situation.

2 여러분도 비슷한 경험이 있나요? 여러분의 경험을 친구와 이야기해 보세요.
Do you have a similar experience? Share with your partner about your experience.

하루 종일 all day

3 그럴 때 어떻게 하면 괜찮아지나요? 좋은 해결 방법을 이야기해 보세요.
What do you do to make things better? Share your good resolution method.

한국 사람들은 언제 이런 말을 할까요?
When do Koreans say the below expressions?

➡️ 여러분 나라에서는 기쁘거나 슬플 때 어떤 말을 해요?

발음 / Pronunciation

받침 'ㄴ, ㅁ'으로 끝나는 동사, 형용사 뒤에 오는 'ㄱ, ㄷ, ㅅ, ㅈ'은 [ㄲ, ㄸ, ㅆ, ㅉ]로 발음합니다.

'ㄱ, ㄷ, ㅅ, ㅈ' that come after the verb or adjective with the final consonants 'ㄴ, ㅁ' are pronounced as [ㄲ, ㄸ, ㅆ, ㅉ].

예) 가: 기분이 안 좋아 보이네요.
　　나: 네. 동생이 제 신발을 신고 나가서 짜증이 났어요.

　　가: 동생과 닮았어요?
　　나: 아니요. 별로 닮지 않았어요.

자기 평가 / Self-Check

- ☐ 언제 기분이 안 좋아요?
- ☐ 어떻게 하면 기분이 좋아져요?

14

인생 Life

14-1 대학교에 입학하게 됐어요

14-2 고마운 사람을 만난 적이 있습니다

1 이 사람들에게 무슨 일이 있었을까요?
2 지금까지 살면서 뭐가 제일 좋았어요?

14-1 대학교에 입학하게 됐어요
I was admitted to a university

- 태어나다
- 입학하다
- 사랑에 빠지다
- 졸업하다
- 취직하다

인

인생 life　　　태어나다 to be born　　　사랑에 빠지다 to fall in love
졸업하다 to graduate

이야기해 보세요

▶ 여러분의 인생에 어떤 일이 있었어요?

죽다

은퇴하다

생

승진하다

아이를 키우다

결혼하다

아기를 낳다

결혼하다 to marry	아기를 낳다 to give birth to a baby	아이를 키우다 to raise a child
승진하다 to be promoted	은퇴하다 to retire	죽다 to die

14-1. 대학교에 입학하게 됐어요

Speaking 말하기 14-1

말하기 1 친구와 연습해 보세요.
Practice with your partner.

가: 오랜만이야. 그동안 잘 지냈어?
나: 응. 잘 지냈어. 너도 별일 없지?
가: 난 내년에 대학교에 입학하게 됐어.
나: 와, 정말 축하해.

1)  가을
2)  이번
3)  다음 달

오랜만에 만났을 때
When you meet someone after a long time

오랜만이에요. / 별일 없으시지요?
그동안 잘 지냈어요? / 요즘 어떻게 지내세요?

말하기 2 친구와 연습해 보세요.
Practice with your partner.

가: 안녕하세요, 아저씨.
나: 안녕하세요, 에릭 씨. 요즘 어떻게 지내요?
가: 아저씨께서 도와주신 덕분에 잘 지내고 있어요.
나: 다행이에요. 무슨 일 있으면 연락하세요.

1) 선생님
   가르쳐 주다
   대학 생활을 잘하다

2) 사장님
   소개해 주다
   아르바이트를 잘하다

3) 아주머니
   챙겨 주다
   잘 살다

문법과 표현
동-(으)ㄴ 덕분에 ☞ 25쪽
동-게 되다 ☞ 26쪽

아저씨 mister   다행이다 to be fortunate   사장님 president/owner   아주머니 ma'am   챙기다 to take care of

말하기 3 친구와 이야기해 보세요.
Talk with your partner.

발음
- 입학하게 됐어요 [이파카게]
- 축하해요 [추카해요]

다니엘: 여보세요, 나나 씨. 오랜만이에요.

나 나: 오랜만이에요, 다니엘 씨. 그동안 잘 지냈어요?

다니엘: 네. 저는 대학원 공부 때문에 바쁘지만 잘 지내고 있어요. 나나 씨는요?

나 나: 저도 잘 지내고 있어요. 좋은 소식이 있어서 다니엘 씨에게 제일 먼저 전화했어요.

다니엘: 그래요? 무슨 일인데요?

나 나: 이번에 대학원에 입학하게 됐어요.

다니엘: 와, 잘됐네요. 축하해요.

나 나: 다니엘 씨가 서류 준비를 도와준 덕분에 입학할 수 있었어요. 정말 고마워요.

다니엘: 아니에요. 좋은 소식 알려 줘서 고마워요.
　　　　 다시 한번 축하해요.

1)
대학원에 입학하다
서류 준비, 도와주다

2)

3)

소식 news

듣기 14-1

준비 어렸을 때 꿈이 뭐였어요?
What was your childhood dream?

듣기 1 에릭과 크리스의 대화입니다. 잘 듣고 맞으면 ○, 틀리면 × 하세요.
This is a conversation between Eric and Chris. Listen carefully and write ○ for true and × for false.

1) 크리스는 어렸을 때부터 요리사가 되고 싶었습니다. (   )
2) 에릭은 아이들을 가르치다가 축구 선수가 되었습니다. (   )

어렸을 때 꿈과 지금의 꿈이 같아요, 달라요?
Is your childhood dream the same or different than now?

> 저는 어렸을 때는 트럭 운전사가 되고 싶었어요.
> 그런데 지금은 뉴스를 전하는 아나운서가 되고 싶어요.

트럭 truck　　운전사 driver　　전하다 to report　　아나운서 announcer

준비 　**특별히 고마운 사람이 있어요?**
Is there a person you are especially thankful to?

  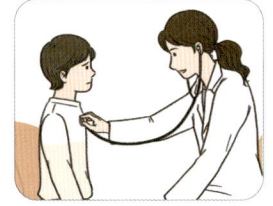 

듣기 2 　**유진과 선배의 대화입니다. 잘 듣고 질문에 답해 보세요.**
This is a conversation between Yujin and her senior. Listen carefully and answer the questions.

1　대화에 알맞은 그림을 고르세요.

①  　 ②  　 ③

2　맞는 것을 고르세요.

① 여자는 이번에 승진을 하게 됐습니다.
② 여자는 남자 덕분에 회사에 취직했습니다.
③ 여자는 남자에게 회사 일을 가르쳐 줬습니다.

우리 반 친구들에게 고마운 마음을 이야기해 보세요.
Share with your classmates how thankful you are for them.

> 저는 나나 씨 덕분에 좋은 한국 친구를 많이 사귀게 됐어요.
> 그래서 한국어도 잘하게 되고, 한국 생활도 재미있어졌어요.
> 나나 씨가 정말 고마워요.

실수하다 to make a mistake　　하나하나 one by one

고마운 사람을 만난 적이 있습니다
I've met someone I'm thankful for

부딪히다

넘어지다

미끄러지다

잃어버리다

놓치다

떨어뜨리다

부딪히다 to bump into	넘어지다 to fall	미끄러지다 to slip
잃어버리다 to lose	놓치다 to miss	떨어뜨리다 to drop

이야기해 보세요

▶ 무슨 일이 있었어요?

불이 나다

사고가 나다

고장이 나다

불이 나다 to be a fire   사고가 나다 to be in an accident   고장이 나다 to be broken

Reading 읽기 14-2

준비 기억에 남는 특별한 일이 있어요?
Is there anything special that you remember?

읽기 1 언어교육원 에스엔에스(SNS)입니다. 잘 읽고 맞으면 ○, 틀리면 × 하세요.
This is the Language Education Institute's social media account. Read carefully and write ○ for true and × for false.

1) 소날은 공원에서 강아지를 찾았습니다. (   )
2) 마리는 엘리베이터에서 남편을 처음 만났습니다. (   )
3) 닛쿤은 길에서 지갑을 주운 적이 있습니다. (   )

문법과 표현		
형 -게	☞	27쪽
동 -(으)ㄴ 적이 있다/없다	☞	28쪽

기억에 남다 to be memorable   엘리베이터 elevator   그때 that moment   어떤 some   줍다 to pick up

읽기 2 라디오 프로그램 게시판입니다. 잘 읽고 질문에 답해 보세요.
This is a radio program's bulletin board. Read carefully and answer the questions.

한국에서 만난 고마운 사람

저는 한국에서 고마운 사람을 **만난 적이 있습니다**.

2년 전 어느 날, 저는 도서관에서 공부를 하다가 **밤늦게** 집에 가게 되었습니다. 그날 제 시계가 고장이 나서 시간을 잘못 알고 도서관에서 **늦게** 나왔습니다. 그래서 막차를 놓치고 집에 걸어서 가야 했습니다.

그런데 갑자기 비가 내리기 시작했습니다. 저는 우산이 없어서 당황했습니다. 그때 제 뒤에서 어떤 여학생이 저에게 "제 우산을 같이 쓸래요?"라고 물었습니다. 그 여학생은 아주 **예쁘게** 웃고 있었습니다. 2년이 지난 지금도 비가 오면 그 여학생의 웃는 모습이 생각납니다.

1 그날 무슨 일이 있었어요? 순서대로 번호를 쓰세요.

① 　② 　③ 　④

(②) – (　) – (　) – (　)

2 맞는 것을 고르세요.

① 이 사람은 마지막 버스를 타지 못했습니다.
② 이 사람은 여학생에게 우산을 빌려줬습니다.
③ 이 사람의 우산은 비가 오는 날 고장이 났습니다.

💬 **기억에 남는 사람이 있어요? 그 사람에 대한 기억은 어떤 기억이에요?**
Is there someone who is memorable in your life? What kind of memory do you have of that person?

저는 외국에서 휴대폰을 잃어버린 적이 있어요.
그때 한 사람이 친절하게 ….

| 어느 날 one day | 밤늦다 late at night | 그날 that day | 막차 last bus/train | 우산 umbrella |
| 당황하다 to be flustered | 모습 image | 생각나다 to remember | 마지막 the last | |

Writing 쓰기 14-2

준비 **다른 사람에게 도움을 받은 적이 있어요? 메모해 보세요.**
Have you received help from another person before? Write down your notes.

어떤 일이 있었습니까?	언제	
	어디에서	
	무슨 일	
누가 도와줬습니까?		
그 사람에게 하고 싶은 말이 있습니까?	도와준 사람	
	해 준 일	

쓰기 **여러분을 도와준 고마운 사람에 대해서 글을 써 보세요.**
Write about someone you are thankful for who has helped you.

💬 **여러분 인생에 대해서 친구와 이야기해 보세요.**
Talk with your partner about your life.

1 여러분의 인생에서 어떤 일이 있었어요? 표시해 보세요.
What happened in your life? Place a checkmark on the things that happened to you.

☐ 태어나다 ☐ 입학하다 ☐ 사랑에 빠지다 ☐ 졸업하다

☐ 취직하다 ☐ 결혼하다 ☐ 아기를 낳다 ☐ 승진하다

2 언제 그 일이 있었어요? 98쪽의 표에 메모해 보세요.
When did that event happen? Write down your notes on the table on page 98.

보기 언제	무슨 일이 있었어요?
2002년	서울에서 태어났어요.
2009년	초등학교에 입학했어요.
…	…

3 여러분 인생에서 기억에 남는 특별한 일이 있어요? 메모해 보세요.
Is there anything special that you remember? Write down your notes.

보기 언제	무슨 일이 있었어요?	기억에 남는 일이 있어요?
2002년	서울에서 태어났어요.	초등학교 때 자전거 사고를 당한 적이 있어요. 다리를 다쳐서 1년 동안 운동을 못 하게 됐어요.
2009년	초등학교에 입학했어요.	
…	…	

가장 좋은 일
가장 안 좋은 일
가장 고마운 일
가장 슬픈 일

초등학교 elementary school 사고를 당하다 to get in an accident

언제	무슨 일이 있었어요?	기억에 남는 일이 있어요?

4 여러분의 인생에 대해서 친구들에게 이야기해 보세요.
Share with your classmates about your life.

저는 2002년 서울에서 태어났어요.
초등학교 때 ….

문화 Culture

'환갑잔치'라는 말을 들어 봤나요?
Have you heard the term '환갑잔치' (60th birthday party)?

'환갑'은 몇 살 생일이에요?
옛날하고 지금이 뭐가 다른 것 같아요?

↳ 여러분 나라에도 특별한 생일이 있어요?

발음 Pronunciation

받침소리 [ㄱ, ㄷ, ㅂ]은 뒤에 오는 'ㅎ'과 합쳐져서 [ㅋ, ㅌ, ㅍ]로 발음합니다.
When the final consonant sounds [ㄱ, ㄷ, ㅂ] are followed by 'ㅎ,' they are combined and pronounced as [ㅋ, ㅌ, ㅍ].

 가: 이번에 서울전자에 **취직하게** 됐어요.
　　나: 와, 정말 **축하해요**.

　　가: 선생님 덕분에 **입학할** 수 있었어요.
　　나: 아니에요. 대학교에 가서 열심히 공부하세요.

자기 평가 Self-Check

☐ 누가 제일 고마워요? 무슨 일이 있었어요?

☐ 지금까지 살면서 제일 기억에 남는 일이 뭐예요?

환갑잔치 60th birthday party　　환갑 60th birthday

14-2. 고마운 사람을 만난 적이 있습니다

15

집 House

- **15-1** 방이 넓어서 살기 좋아요
- **15-2** 벽에 가족사진이 걸려 있습니다

1 지금 살고 있는 집을 어떻게 찾았어요?
2 지금 살고 있는 집이 마음에 들어요?

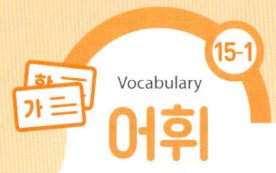

15-1 방이 넓어서 살기 좋아요
It's a nice place to live because the room is large

방이 넓다

월세가 싸다

시설이 좋다

교통이 편리하다

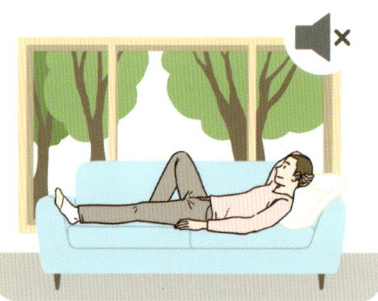
주변이 조용하다

햇빛이 잘 들어오다

집주인이 좋다

전망이 좋다

방이 넓다 room is large
시설이 좋다 amenities are nice
햇빛이 잘 들어오다 to have good sunlight
전망이 좋다 view is nice

월세가 싸다 monthly rent is cheap
주변이 조용하다 surroundings are quiet
집주인이 좋다 landlord is nice

이야기해 보세요

▶ 지금 사는 집은 어때요?
▶ 관리비가 얼마나 나와요?

새로 지었다

오래되다

관리비

전기 요금

가스 요금

수도 요금

새로 지었다 to be newly built   오래되다 to be old   관리비 maintenance fee
전기 요금 electricity bill   가스 요금 gas bill   수도 요금 water bill

Speaking 15-1

말하기 1 **친구와 연습해 보세요.**
Practice with your partner.

가: 이 집은 어떠세요? 방이 넓어서 살기 좋을 거예요.
나: 좋네요. 월세가 얼마예요?
가: 50만 원이에요.
나: 좀 비싸네요. 다른 집도 볼 수 있을까요?

1) 시설이 좋다 / 살다, 편하다 / 70만 원
2) 주변이 조용하다 / 공부하다, 좋다 / 55만 원
3) 교통이 편리하다 / 학교에 다니다, 편하다 / 90만 원

말하기 2 **친구와 연습해 보세요.**
Practice with your partner.

가: 이번 달에 전기 요금이 너무 많이 나왔어요.
나: 얼마 나왔는데요?
가: 5만 원이요.
나: 그거 좀 이상하네요. 우리 집은 3만 원밖에 안 나왔어요. 집주인에게 한번 물어보세요.

1) 가스 요금 / 2만 원
2) 수도 요금 / 5천 원
3) 관리비 / 3만 원

| 문법과 표현 | 동 -기 | ☞ 29쪽 |
| 명 밖에 | ☞ 30쪽 |

이상하다 to be strange

말하기 3 친구와 이야기해 보세요.
Talk with your partner.

중개인: 어서 오세요.

아야나: 안녕하세요? 집을 찾고 있는데요.

중개인: 어떤 집을 찾으세요?

아야나: 원룸을 찾고 있는데 교통이 편리했으면 좋겠어요.

중개인: 가격은 어느 정도 생각하세요?

아야나: 보증금 1,000만 원에 월세 50만 원 정도 생각하고 있어요.

중개인: 마침 좋은 집이 하나 있는데 한번 보러 가실래요? 지하철역에서 5분밖에 안 걸려요.

아야나: 방이 넓은가요?

중개인: 네. 방도 넓고 주변도 조용해서 살기 편할 거예요.

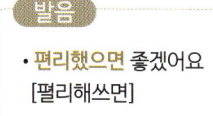
• 편리했으면 좋겠어요
  [펼리해쓰면]

1)
교통이 편리하다
지하철역, 5분

2)

3)

중개인 realtor　원룸 studio　보증금 security deposit　마침 just then

Listening 듣기 15-1

준비 어떤 집에 살고 있어요?
What kind of house are you living in?

듣기 1 안나와 크리스의 대화입니다. 잘 듣고 질문에 답해 보세요.
This is a conversation between Anna and Chris. Listen carefully and answer the question.

❖ 여자의 집은 어때요? 알맞은 것을 모두 고르세요.

① 집이 넓습니다.
② 집이 깨끗합니다.
③ 주변이 조용합니다.
④ 교통이 편리합니다.

친구 집에 가 봤어요? 어땠어요?
Have you been to your classmate's house? How was it?

저는 아야나 씨의 집에 가 봤어요.
아야나 씨의 집은 원룸인데 창문이 크고 ….

시끄럽다 to be noisy

준비 　**지금 사는 집이 마음에 들어요?**
Do you like the house you're living in?

- 월세 👍 👎
- 교통 👍 👎
- 시설 👍 👎
- 크기 👍 👎
- 이웃 👍 👎
- 주변 👍 👎

듣기 2 　**에릭과 자밀라의 대화입니다. 잘 듣고 질문에 답해 보세요.**
This is a conversation between Eric and Jamila. Listen carefully and answer the questions.

1 　남자가 왜 이사를 하고 싶어 해요? 알맞은 그림을 고르세요.

2 　맞는 것을 고르세요.

① 남자는 한 달 전에 이사를 했습니다.
② 남자는 여자와 부동산에 갈 것입니다.
③ 남자는 여자의 집주인과 이야기를 했습니다.

💬 **어떤 집에서 살고 싶어요?**
What kind of house would you like to live in?

> 제가 지금 살고 있는 집 앞에는 큰길이 있어서 창문을 열면 너무 시끄러워요. 그래서 저는 ….

크기 size　　이웃 neighbor　　윗집 house upstairs　　뛰어다니다 to run around　　빈방 vacant room
부동산 real estate agency　　큰길 big street

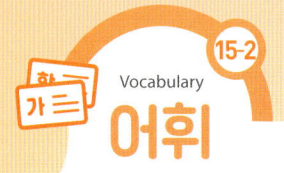

15-2 벽에 가족사진이 걸려 있습니다
A family picture is hanging on the wall

기숙사

아파트

주택

빌라

원룸

오피스텔

기숙사 dorm(itory)   아파트 condo/apartment   주택 house
빌라 villa   원룸 studio   오피스텔 studio apartment

이야기해 보세요

▶ 어떤 집에 살고 있어요?
▶ 집에 뭐가 있어요?

거실 living room   베란다 veranda   현관 entrance   마당 yard

Reading 읽기 15-2

준비 한국에 오기 전에 어떤 집에서 살았어요?
What kind of house did you live in before coming to Korea?

읽기 1 부동산 광고입니다. 잘 읽고 맞는 것을 고르세요.
This is a real estate advertisement. Read carefully and choose the correct statement.

① 이 집은 교통이 편리한 원룸입니다.
② 인터넷 요금은 한 달에 8만 원입니다.
③ 이 집은 오래됐지만 시설이 좋아서 사람들이 좋아합니다.

> 문법과 표현
> 동 -아/어 있다 ☞ 31쪽
> 동 형 -기 때문에, 명 (이)기 때문에 ☞ 32쪽

짓다 to build   서두르다 to rush   남향 southward   거리 distance   주차 parking   대 counter for vehicles
경비실 security office

읽기 2 닛쿤의 글입니다. 잘 읽고 질문에 답해 보세요.
This is Nichkhun's writing passage. Read carefully and answer the questions.

우리 집

저는 한국에 오기 전에 주택에 살았습니다. 우리 집에는 작은 마당이 있는데 어머니는 거기에 예쁜 꽃을 키우셨습니다.

우리 집에서 제가 가장 좋아하는 곳은 거실입니다. 거실 벽에는 가족이 함께 찍은 사진들이 **걸려 있습니다.** 우리 가족은 주말마다 거실에 모여서 음악을 듣거나 영화를 봤습니다.

우리 동네는 **시골이기 때문에** 근처에 영화관이나 편의점도 없고 시장도 하나밖에 없어서 조금 살기 불편합니다. 그렇지만 공기가 맑고 주변이 조용해서 좋습니다.

저는 우리 집을 생각하면 '행복'이라는 단어가 생각납니다. 지금도 고향의 우리 집이 많이 그립습니다.

1 닛쿤의 고향 집으로 알맞은 그림을 고르세요.

①    ②    ③

2 맞는 것을 고르세요.

① 닛쿤은 고향 집에서 거실을 제일 좋아합니다.
② 닛쿤은 주말마다 가족들과 함께 영화관에 갔습니다.
③ 닛쿤은 한국에 오기 전에 조용하고 살기 편한 시골에 살았습니다.

💬 **고향 집에서 가장 좋아하는 곳이 어디예요?**
What is your favorite part of your house back home?

> 저는 고향에서 아파트에서 살았는데,
> 베란다를 가장 좋아했어요.
> 베란다에는 햇빛이 잘 들어오기 때문에 ….

벽 wall   걸리다 to be hung   동네 neighborhood   그립다 to miss

Writing 쓰기 15-2

준비 **여러분의 고향 집은 어떤 집이에요?**
What's your house like back home? Write down your notes.

고향 집	어떤 집에서 살았어요?
	집에서 가장 좋아하는 곳이 어디예요?
	거기에 뭐가 있어요?
고향 집이나 동네의 장단점	어떤 점이 좋아요?
	어떤 점이 불편해요?
고향 집에 대한 느낌	집을 생각하면 뭐가 생각나요? • 행복, 사랑, 할머니, … • 마음이 따뜻해져요, 행복해져요, …

쓰기 **여러분의 고향 집을 소개해 주세요.**
Introduce your house back home.

장단점 pros and cons   점 point/aspect   느낌 feeling

여러분이 살고 싶은 집에 대해서 이야기해 보세요.
Talk about the house you would like to live in.

1 지금 살고 있는 집은 어때요?
How's the house you're living in now?

😊 마음에 들어요	😣 마음에 안 들어요
• 주변이 조용해요. • •	• 창문이 하나밖에 없어요. • •

2 어떤 곳에서 살고 싶어요? 친구와 이야기해 보세요.
Where do you want to live? Share with your partner.

1) 집을 구할 때 뭐가 중요해요?
What's important to you when looking for a house?

☐ 방이 넓어요   ☐ 월세가 싸요   ☐ 새로 지었어요   ☐ 시설이 좋아요
☐ 교통이 편리해요   ☐ 주변이 조용해요   ☐ 전망이 좋아요   ☐ 햇빛이 잘 들어와요

 제가 지금 사는 원룸은 창문이 하나밖에 없어서 어두워요. 저는 햇빛이 잘 들어오는 집에서 살았으면 좋겠어요.

 제가 지금 사는 집은 주변이 좀 시끄러워서 공부하기 힘들어요. 그래서 저는 주변이 조용한 집에서 살고 싶어요.

2) 집에 뭐가 있어야 돼요?
What do you need to have in the house?

☐ 거실   ☐ 부엌   ☐ 방 ___ 개   ☐ 화장실 ___ 개
☐ 베란다   ☐ 마당   ☐ 경비실   ☐ 주차장

 저는 꽃을 키우고 싶어요. 그래서 집에 마당이 있었으면 좋겠어요.

 저는 차가 있기 때문에 주차장이 있어야 돼요.

차 car

3) 동네에 뭐가 있었으면 좋겠어요?
What would you like to have in your neighborhood?

☐ 마트　　☐ 편의점　　☐ 지하철역/정류장　　☐ 식당
☐ 도서관　　☐ 병원　　☐ 공원　　☐ _____

 저는 운전을 못 하기 때문에 지하철역이 가까웠으면 좋겠어요.

저는 요리를 자주 해요. 가까운 곳에 마트가 있으면 장을 보기 편할 것 같아요.

3 여러분이 살고 싶은 집에 대해서 메모하고 다른 친구들에게 이야기해 보세요.
Write notes on the house you would like to live in and share with your classmates about it.

	보기
집을 구할 때 중요한 조건	햇빛이 잘 들어오는 집, 방이 넓은 집, 월세가 싼 집
집	부엌, 방 한 개, 화장실 한 개, 마당
동네	시장, 지하철역, 공원

제가 지금 사는 원룸은 창문이 하나밖에 없기 때문에 어둡습니다. 그래서 햇빛이 잘 들어오는 밝은 집으로 이사하고 싶습니다. 그리고 ….

구하다 to look for　　조건 condition

문화 (Culture)

● 공유 주택을 아세요?
Do you know what co-living housing is?

'공유 주택'이 무엇일까요? '공유 주택'은 뭐가 좋을까요?

➡ 여러분 나라에도 '공유 주택'이 있나요?

발음 Pronunciation

받침 'ㄴ'은 대부분의 경우 'ㄹ' 앞에서 [ㄹ]로 발음합니다.
For majority of the time, the final consonant 'ㄴ' in front of 'ㄹ' is pronounced as [ㄹ].

예) 가: 어떤 집을 찾으세요?
나: 교통이 편리했으면 좋겠어요.

가: 다시 연락드릴게요.
나: 네. 생각해 보시고 연락 주세요.

자기 평가 Self-Check

☐ 지금 사는 집이 어때요? 마음에 들어요?
☐ 집에서 가장 마음에 드는 곳이 어디예요?
☐ 집에 뭐가 있어요? 어디에 있어요?

공유 주택 co-living housing

16

예절 Etiquette

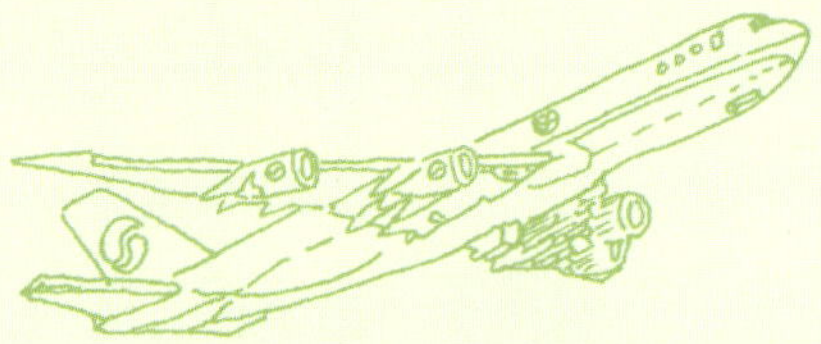

- **16-1** 반말을 해도 돼요?
- **16-2** 공연 중에 사진을 찍으면 안 됩니다

1 여러분 나라에서는 어떻게 인사를 해요?
2 버스나 지하철에서 지켜야 할 예절이 있어요?

16-1 반말을 해도 돼요?
Can I speak informally to you?

잘 잤어?

반말을 하다

할아버지, 안녕히 주무세요.

높임말/존댓말을 하다

한 손으로 받다

두 손으로 드리다

손을 흔들면서 인사하다

고개를 숙여서 인사하다

반말을 하다 to speak informally
한 손으로 받다 to receive with one hand
손을 흔들면서 인사하다 to wave with one's hand to salute someone
고개를 숙여서 인사하다 to bow to salute someone

높임말/존댓말을 하다 to speak formally/in honorifics
두 손으로 드리다 to give with two hands

이야기해 보세요

▶ 여러분 나라에서는 어른들 앞에서 지켜야 하는 예절이 있어요?

다니엘 씨.

이름을 부르다

다리를 꼬고 앉다

고개를 돌리고 마시다

이름을 부르다 to call out a name
고개를 돌리고 마시다 to drink with head turned

다리를 꼬고 앉다 to sit with crossed legs

Speaking 16-1

말하기 1 **친구와 연습해 보세요.**
Practice with your partner.

가: 한국의 예절은 우리 나라와 다른 게 많아요.
나: 뭐가 다른데요?
가: 우리 나라에서는 <mark>식사할 때</mark> <mark>밥그릇을 들고 먹는데</mark> 한국에서는 <mark>식탁 위에 밥그릇을 놓고 먹어요.</mark>
나: 그래요? 문화 차이를 아는 것은 재미있네요.

1) 밥을 먹다 / 젓가락으로 먹다 / 숟가락으로 먹다

2) 어른한테 인사하다 / 손을 흔들면서 인사하다 / 고개를 숙여서 인사하다

3) 어른께 물건을 드리다 / 한 손으로 드리다 / 두 손으로 드리다

말하기 2 **친구와 연습해 보세요.**
Practice with your partner.

가: 자밀라 씨, 왜 <mark>고개를 숙여서 인사해요?</mark> <mark>고개를 안 숙여도 돼요.</mark>
나: 그래도 돼요? 한국에서는 <mark>고개를 숙여서 인사해야 하지 않아요?</mark>
가: <mark>어른한테 인사할 때만</mark> <mark>고개를 숙여서 인사하면 돼요.</mark>
나: 아, 그래요? 알려 줘서 고마워요.

1) 고개를 돌리고 술을 마시다 / 편하게 마시다 / 어른하고 마시다

2) 두 손으로 받다 / 한 손으로 받다 / 어른한테 받다

3) 일어서서 인사하다 / 앉아서 인사하다 / 어른한테 인사하다

문법과 표현: 동-는데, 형-(으)ㄴ데 2 ☞ 33쪽
동-아도/어도 되다 ☞ 34쪽

예절 etiquette   밥그릇 rice bowl   들다 to hold   식탁 (dining) table   차이 difference   어른 elder   일어서다 to get up

말하기 3 친구와 이야기해 보세요.
Talk with your partner.

안나: 저 오늘 조금 창피한 일이 있었어요.
민우: 무슨 일이 있었는데요?
안나: 옆집 할머니를 만났는데 제가 손을 흔들면서 인사했어요.
민우: 아이고, 한국에서는 어른들을 만나면 고개를 숙여서 인사해야 돼요.
안나: 네. 저도 아는데 우리 나라에서는 손을 흔들면서 인사해도 돼요. 그래서 자꾸 실수를 해요.
민우: 그래서 어떻게 됐어요?
안나: 할머니께서 웃으시면서 어떻게 해야 하는지 가르쳐 주셨어요.
민우: 나라마다 예절이 다르니까 실수할 수 있어요. 안나 씨도 금방 익숙해질 거예요.

발음
- 창피한 일이 [창피한닐]
- 무슨 일이 [무슨닐]

1)
손을 흔들면서 인사하다
고개를 숙여서 인사하다

2)
잘 지냈어? ✗

3)

께서 honorific subject particle   금방 soon

16-1. 반말을 해도 돼요?

 Listening 16-1

듣기

준비 누가 누구에게 반말을 할 수 있을까요?
Who can you talk informally to?

듣기 1 자밀라와 닛쿤의 대화입니다. 잘 듣고 맞는 것을 고르세요.
This is a conversation between Jamila and Nichkhun. Listen carefully and choose the correct statement.

① 남자는 여자와 말을 놓았습니다.
② 남자는 여자보다 나이가 더 많습니다.
③ 남자는 여자와 동아리에서 만난 적이 있습니다.

여러분 나라에도 높임말이 있어요?
Is there honorifics in your country?

> 중국에도 높임말이 있어요.
> 보통 인사할 때 '니하오(你好)'라고 하는데 ….

말을 놓다 to talk casually   잘 부탁하다 to look forward to working/studying with you

준비 여러분 나라에는 식사 자리에서 하는 인사가 있어요?
Is there something you say at mealtime in your country?

맛있게 드세요.

잘 먹겠습니다.

잘 먹었습니다.

듣기 2 할아버지와 아이, 엄마의 대화입니다. 잘 듣고 질문에 답해 보세요.
This is a conversation between a grandfather, child, and mom. Listen carefully and answer the questions.

1 아이가 지키지 <u>않은</u> 예절은 뭐예요?

① 식사할 때 인사를 해야 합니다.
② 어른들께 존댓말을 써야 합니다.
③ 식사할 때 어른이 먼저 먹기 시작해야 합니다.

2 맞는 것을 고르세요.

① 아이는 젓가락질을 배우고 있습니다.
② 아이는 할아버지와 함께 요리를 했습니다.
③ 아이는 음식을 안 먹어서 엄마에게 야단맞았습니다.

여러분 나라에는 한국과 다른 식사 예절이 있어요?
Does your country have different dining etiquette compared to Korea?

한국에서는 어른이 먼저 드셔야 하는데 우리 나라에서는 안 그래도 돼요.

포크 fork   젓가락질 using chopsticks   특별히 specially   지키다 to adhere/follow/keep   야단맞다 to be scolded

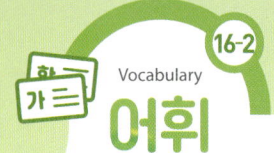

공연 중에 사진을 찍으면 안 됩니다
You cannot take photos during the performance

줄을 서다

자리를 양보하다

발을 올리다

문에 기대다

뛰다

줄을 서다 to stand in line   자리를 양보하다 to offer one's seat
발을 올리다 to put one's feet up   문에 기대다 to lean on the door   뛰다 to run

이야기해 보세요

▶ 공공장소에서 뭘 조심해야 돼요?
▶ 이 표지판은 무슨 뜻이에요?

금연

주차 금지

출입 금지

사진 촬영 금지

휴대폰 사용 금지

음식물 반입 금지

금연 No Smoking   주차 금지 No Parking   출입 금지 No Entry   사진 촬영 금지 No Photos
휴대폰 사용 금지 No Cell Phones Allowed   음식물 반입 금지 No Food or Drinks Allowed

Reading 16-2 읽기

준비 공공장소에서 지켜야 하는 예절은 뭐가 있어요?
What etiquette do you need to follow in public places?

읽기 1 공연 예매 확인 메시지입니다. 잘 읽고 맞으면 ○, 틀리면 × 하세요.
This is a message confirming ticket reservation for a performance. Read carefully and write ○ for true and × for false.

가을의 피아노
공연 예매 안내

[공연 예매 완료]
"가을의 피아노"
예매 번호: 8805488

[공연 관람 안내]
1. 공연장에 음식물을 반입할 수 없습니다.
2. **공연 중에** 휴대폰을 사용하거나 옆 사람과 **이야기하면 안 됩니다.**
3. **공연 중에** 사진을 **찍으면 안 되지만** 공연 후 '관객과의 인사' 시간에는 사진을 찍을 수 있습니다.

1) 공연장에 휴대폰을 가지고 들어가면 안 됩니다.　(　　)
2) 공연이 끝나면 사진을 찍어도 됩니다.　(　　)

| 문법과 표현 | 동 -는 중이다, 명 중이다 ☞ 35쪽 |
| | 동 -(으)면 안 되다 ☞ 36쪽 |

공연 performance　　완료 completion　　관람 viewing　　공연장 performance hall　　반입하다 to bring in　　관객 audience

읽기 2 엥흐의 글입니다. 잘 읽고 질문에 답해 보세요.
This is Enkh's writing passage. Read carefully and answer the questions.

우리 나라와 한국의 예절은 비슷한 점도 있고 다른 점도 있습니다. 식사할 때 어른이 먼저 수저를 들어야 하는 것은 우리 나라와 같습니다.

그런데 다른 사람에게 미안한 일을 했을 때 사과하는 방법이 다릅니다. 우리 나라에서는 특히 발을 밟거나 부딪히면 사과를 하면서 꼭 손을 잡아야 하는데 한국에서는 모르는 사람의 손을 **잡으면 안 됩니다**. 처음 한국에 왔을 때 지하철에서 어떤 사람의 발을 밟아서 사과를 하려고 손을 잡은 적이 있습니다. 그 사람이 놀라서 저는 다시 사과해야 했습니다.

한국에 오래 살았지만 저는 지금도 한국의 예절을 **배우는 중입니다**. 우리 나라와 한국의 예절이 달라서 실수할 때도 있지만 이런 차이를 배우는 것이 재미있습니다.

1 이 글의 제목으로 알맞은 것을 고르세요.

① 식사할 때 지켜야 하는 예절
② 우리 나라와 한국의 예절 차이
③ 모르는 사람에게 사과하는 방법

2 맞는 것을 고르세요.

① 엥흐는 모르는 사람이 손을 잡아서 놀랐습니다.
② 엥흐의 고향에서는 아이가 먼저 식사를 시작해도 됩니다.
③ 엥흐는 지하철에서 다른 사람의 발을 밟은 적이 있습니다.

 다음의 장소에서 한국과 여러분 나라의 예절이 어떻게 달라요?
In the following places, how is the etiquette in your country different from Korea's?

식당   버스   교실

한국에서는 버스에서 전화를 받아도 되는데 우리 나라에서는 버스에서 전화를 받으면 안 돼요.

수저 spoon and chopsticks   사과하다 to apologize   밟다 to step on   잡다 to hold

준비 여러분 나라와 한국 예절의 비슷한 점과 다른 점에 대해서 메모해 보세요.
Write down your notes about the similarities and differences in etiquette between your country and Korea.

비숫한 점 • 비슷한 점이 있습니까? • 무엇이 비슷합니까?	
다른 점 • 다른 점이 있습니까? • 실수한 적이 있습니까?	우리 나라
	한국
	실수한 경험
나의 생각 • 두 나라의 예절이 다른 것에 대해서 어떻게 생각합니까?	

쓰기 여러분 나라와 한국의 예절 차이에 대해서 써 보세요.
Write about the etiquette differences between your country and Korea.

여러 나라의 예절을 비교해 보세요.
Compare the different etiquette of various countries.

1 여러분 나라에는 어떤 예절이 있나요? 메모해 보세요.
What kind of etiquette does your country have for the following situations? Write down your notes.

식사 중에   인사할 때   술 마실 때   수업 중에   ?

- 중국에서는 어른보다 먼저 식사를 시작하면 안 됩니다.
-
-
-

2 다른 나라에도 비슷한 예절이 있을까요? 친구들과 이야기해 보세요.
Is there a similar etiquette in different countries? Talk with your classmates about it.

중국에서는 어른보다 먼저 식사를 시작하면 안 돼요. 베트남은 어때요?

베트남에서도 어른보다 먼저 먹기 시작하면 안 돼요.

미국에서는 어른보다 먼저 식사를 시작해도 돼요?

네. 미국에서는 보통 가족들이 다 같이 식사를 시작해요.

술 alcohol

3 친구들과 이야기한 것을 표로 정리해 보세요.
Organize what you have discussed with your classmates in the table.

보기	○	×
어른보다 먼저 식사를 시작하면 안 됩니다.	중국 베트남 …	미국 …

	○	×

	○	×

	○	×

4 여러분이 알게 된 것을 발표해 보세요.
Present what you have learned.

> 우리 나라에서는 어른보다 먼저 식사를 시작하면 안 됩니다. 베트남에서도 어른이 먼저 시작해야 되는데 미국에서는 그렇게 하지 않아도 됩니다.

한국의 식사 예절에 대해서 알아요?
Do you know about Korea's eating etiquette?

한국에서는 식사할 때 뭘 하면 안 돼요?

▷▷ 여러분 나라에도 지켜야 할 식사 예절이 있어요?

발음
Pronunciation

앞 단어에 'ㄴ, ㅁ, ㅇ' 받침이 있고 뒤에 오는 단어가 '이, 야, 여, 요, 유, 얘, 예'로 시작할 때 그 사이에 [ㄴ]를 넣어 발음합니다.
If the preceeding word ends with the final consonants 'ㄴ, ㅁ, ㅇ' and the following word starts with '이, 야, 여, 요, 유, 얘, 예,' then pronounce [ㄴ] in between the two.

예 가: 오늘 **창피한 일**이 있었어요.   가: **한강 옆**에서 치킨을 먹어도 돼요?
　　나: **무슨 일**이 있었는데요?　　　 나: 네. 먹어도 돼요.

자기 평가
Self-Check

☐ 여러분 나라의 예절과 한국의 예절이 어떻게 달라요?

☐ 공공장소에서 지켜야 할 예절에는 뭐가 있어요?

17

문화 Culture

- **17-1** 콘서트를 보기 위해서 표를 사 놓았어요
- **17-2** 추석은 한국의 큰 명절 중 하나다

1 좋아하는 한국 가수나 배우가 있어요?
2 한국의 중요한 명절이 뭔지 알아요?

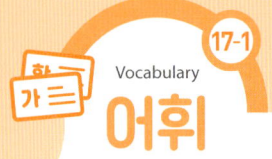

콘서트를 보기 위해서 표를 사 놓았어요
I bought a ticket to see a concert

10월의 공연

콘서트

뮤지컬

연극

사물놀이

음악회

공연 performance 콘서트 concert 뮤지컬 musical 연극 play
사물놀이 Korean traditional percussion quartet 음악회 classical music concert

이야기해 보세요

▶ 어떤 공연을 보고 싶어요?
▶ 여러분은 요즘 무엇에 관심이 있어요?

관심이 없다 → 관심이 생기다

인기가 없다 / 인기가 많다 / 팬 사인회

관심이 없다 to have no interest   관심이 생기다 to start having interest
인기가 없다 to be unpopular   인기가 많다 to be popular

말하기 1 친구와 연습해 보세요.
Practice with your partner.

가: 한국에 왜 오셨습니까?
나: 한국 패션에 관심이 있어서 왔습니다.
가: 지금은 무엇을 하고 계십니까?
나: 대학교에서 디자인을 공부하기 위해 한국어를 배우고 있습니다.

1) 한국 영화 / 대학교에서 영화를 전공하다 / 한국어를 배우다
2) 한국 요리 / 요리사 시험을 준비하다 / 학원에 다니다
3) 한국 음악 / 한국에서 가수가 되다 / 노래와 춤을 연습하다

말하기 2 친구와 연습해 보세요.
Practice with your partner.

가: 방학 동안 뭐 할 거예요?
나: 저는 한국 전통 공연을 보고 싶어서 표를 사 놓았어요.
가: 그래요? 어디에서 볼 수 있어요? 저도 보고 싶어요.
나: 국립국악원에 가면 볼 수 있어요. 제가 알려 줄게요.

1) 연극을 보다 / 표를 예매하다 / 대학로
2) 김치를 만들어 보다 / 수업을 신청하다 / 김치박물관
3) 서예를 배우다 / 서예 체험을 예약하다 / 국립중앙박물관

문법과 표현
동-기 위해(서) ☞ 37쪽
동-아/어 놓다 ☞ 38쪽

패션 fashion 　전공하다 to major in 　국립국악원 National Gugak Center 　대학로 Daehak-ro 　김치박물관 Kimchi Museum
서예 calligraphy 　체험 experience 　국립중앙박물관 National Museum of Korea

말하기 3 **친구와 이야기해 보세요.**
Talk with your partner.

에 릭: 오늘 수업 후에 뭐 할 거야?
자밀라: 친구하고 공연을 보러 가기로 했어.
에 릭: 무슨 공연?
자밀라: 케이팝 콘서트야. 이 공연을 보기 위해서 한 달 전부터 표를 사 놓고 기다렸어.
에 릭: 재미있겠다. 넌 언제부터 케이팝을 좋아했어?
자밀라: 작년 여름에 친구를 따라서 콘서트에 갔는데 그때부터 관심이 생겼어.
　　　 가수들이 노래도 잘하고 춤도 잘 춰서 정말 좋았어.
에 릭: 그래? 나도 케이팝 콘서트에 가 보고 싶어.
자밀라: 그럼 다음에 좋은 공연이 있으면 추천해 줄게. 너도 분명히 좋아하게 될 거야.

> **발음**
> • 수업 후에
>   [수어푸]
> • 사 놓고
>   [노코]

1)
케이팝 콘서트
가수들이 노래를 잘하다,
춤을 잘 추다

2)

3)

따르다 to tag along   분명히 certainly

Listening 17-1
듣기

준비 체험해 보고 싶은 한국 문화가 있어요?
Is there a Korean culture you would like to experience?

듣기 1 아야나와 다니엘의 대화입니다. 잘 듣고 맞으면 ○, 틀리면 × 하세요.
This is a conversation between Ayana and Daniel. Listen carefully and write ○ for true and × for false.

1) 남자는 국립국악원에서 사물놀이를 배우고 있습니다.　　(　　)
2) 사물놀이를 연주하기 위해서는 네 가지 악기가 필요합니다.　(　　)

체험해 본 한국 문화가 있어요? 어디에서 해 봤어요?
Is there a Korean culture you have experienced? Where did you experience it?

저는 한국에 오기 전에 고향에서 한국 친구하고 같이 불고기를 만들어 본 적이 있어요.

가지 counter for kinds/types　　악기 instrument　　연주하다 to play/perform

준비 한국의 공연을 본 적이 있어요? 어떤 공연을 봤어요?
Have you been to a Korean performance? What kind of performance did you see?

듣기 2 방송 인터뷰입니다. 잘 듣고 질문에 답해 보세요.
This is a broadcast interview. Listen carefully and answer the questions.

1 대화에 알맞은 그림을 고르세요.

2 맞는 것을 고르세요.

① 콘서트장에는 여러 나라에서 온 팬들이 있습니다.
② 여자는 가수에게 선물하기 위해 빵을 만들었습니다.
③ 여자는 한국어를 배우려고 한국 노래를 들었습니다.

💬 좋아하는 연예인이 누구예요?
Who's your favorite celebrity?

> 저는 송빈이라는 배우를 좋아해요.
> 저는 그 배우를 만나기 위해서 ….

콘서트장 concert hall   세계적 worldwide   아이돌 idol   이야기를 나누다 to talk

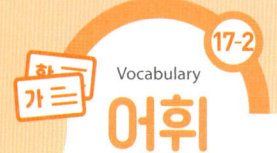

추석은 한국의 큰 명절 중 하나다
Chuseok is one of Korea's biggest holidays

명절

설날

추석

떡국

송편

한과

식혜

명절 national holiday	설날 Seollal (Native-Korean)/New Year's Day	
추석 Chuseok (Sino-Korean)/Korean Thanksgiving Day		떡국 rice cake soup
송편 half-moon rice cake	한과 Korean traditional cracker(s)	식혜 sweet rice drink

이야기해 보세요

▶ 설날이나 추석에 뭐 해요?
▶ 한국의 명절 음식을 먹어 봤어요?

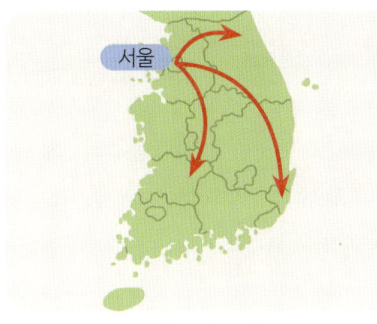
고향에 내려가다

한복을 입다

차례를 지내다

성묘하다

세배하다

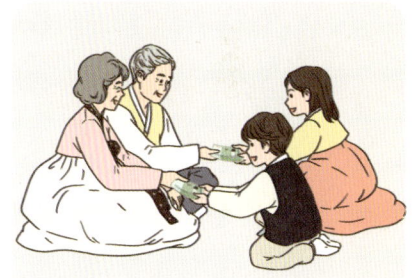
세뱃돈을 받다

윷놀이하다

소원을 빌다

고향에 내려가다 to go down to one's hometown
성묘하다 to visit one's ancestral grave
세뱃돈을 받다 to receive New Year's money
소원을 빌다 to make a wish

차례를 지내다 to have a memorial service for ancestors
세배하다 to do the New Year's bow
윷놀이하다 to play a game of yut

17-2. 추석은 한국의 큰 명절 중 하나다 141

읽기 17-2

준비 여러분 나라에서는 명절에 뭐 해요?
What do you do during the holidays in your country?

읽기 1 아이의 일기입니다. 잘 읽고 빈칸에 알맞은 그림을 고르세요.
This is a child's diary entry. Read carefully and choose the picture that best fits in the empty box.

| 날짜 | 2월 14일 | 요일 | 화요일 | 날씨 | |

오늘은 일찍 일어나서 한복을 입고 할아버지 댁에 **갔다**. 차례를 지내고 나서 세배를 했는데 세뱃돈을 많이 받아서 기분이 **좋았다**. 드디어 내가 사고 싶은 게임기를 살 수 있게 **됐다**. 정말 **행복하다**. 떡국을 먹고 친척들과 윷놀이도 **했다**. 매일매일 설날이었으면 **좋겠다**.

①

②

③

문법과 표현: 동-는다/ㄴ다, 형-다, 명(이)다 ☞ 39쪽

드디어 finally   게임기 game console   행복하다 to be happy   친척 relative   매일매일 day after day

읽기 2 추석에 대해 설명하는 글입니다. 잘 읽고 질문에 답해 보세요.
This is a passage explaining about Chuseok. Read carefully and answer the questions.

추석

추석은 한국의 가장 큰 명절 중 **하나다**. 음력 8월 15일로 한가위라고도 **한다**. 추석은 한 해 농사를 잘 지은 것에 대해 조상에게 감사하는 **날이다**. 그래서 추석 아침에는 그해에 농사지은 가장 좋은 곡식과 과일로 차례를 **지낸다**. 그리고 조상의 묘를 돌보기 위해 성묘를 하러 **간다**.

추석에는 가족들이 함께 모여 송편이라는 떡을 만들어 **먹는다**. 송편은 보통 반달 모양인데 지역마다 모양과 재료가 **다르다**. '송편을 예쁘게 만들면 예쁜 아기를 **낳는다**' 라는 말도 **있다**.

추석에는 씨름이나 강강술래 같은 전통 놀이도 하고, 밤에는 크고 밝은 보름달을 보면서 소원도 **빈다**.

1 추석은 뭐에 대해 감사하는 날이에요? 빈칸에 알맞은 답을 쓰세요.

추석은 _____ 에 대해 조상에게 감사하는 날이다.

2 추석에 대한 설명으로 **맞지 않는** 것을 고르세요.

① 추석의 다른 이름은 한가위다.
② 추석에는 크고 밝은 달을 볼 수 있다.
③ 추석에는 성묘를 하러 가서 차례를 지낸다.

 여러분 나라에는 어떤 명절이 있어요?
What kind of national holidays do you have in your country?

> 태국에서 가장 큰 명절은 '송끄란'인데 태국의 설날입니다. …

음력 lunar calendar 한가위 Hangawi (Native-Korean)/Korean Thanksgiving Day 해 year 농사를 짓다 to farm
조상 ancestor 그해 that year 곡식 crop 묘 grave 돌보다 to take care of 반달 half moon 모양 shape
지역 region 재료 ingredient 씨름 Korean wrestling 강강술래 Korean traditional circle dance 보름달 full moon

Writing 쓰기 17-2

준비 **여러분 나라의 명절에 대해서 메모해 보세요.**
Write down notes about the national holidays in your country.

명절 이름	이름이 무엇입니까?
	언제입니까?
명절의 의미	무엇을 기념하는 날입니까?
명절에 하는 것	특별히 먹는 음식이 있습니까?
	특별히 입는 옷이 있습니까?
	특별히 하는 일이 있습니까?

쓰기 **여러분 나라의 명절에 대해서 설명하는 글을 써 보세요.**
Write a passage that explains the national holidays in your country.

의미 meaning 기념하다 to commemorate

여러분이 아는 유명한 사람을 소개해 보세요.
Introduce a famous person you know.

1 여러분이 아는 유명한 사람에 대해서 메모하세요.
Write down notes about a famous person you know.

좋아하는 사람	좋아하게 된 이유	나의 변화	하고 싶은 것
• 누구입니까? • 무엇을 하는 사람입니까? • 만난 적이 있습니까?	• 그 사람을 언제 처음 알게 됐습니까? • 그 사람을 왜 좋아합니까?	• 그 사람을 좋아하고 나서 달라진 점이 있습니까?	• 그 사람을 만나면 하고 싶은 것이 있습니까? • 그 사람에게 하고 싶은 말이 있습니까?

보기

좋아하는 사람	좋아하게 된 이유	나의 변화	하고 싶은 것
• 지니 • 한국 가수 • 아직 없다, 콘서트 표를 사 놓았다	• 작년 여름에 친구가 소개해 줘서 • 노래를 잘한다, 기타를 잘 친다, 멋있다, 노래가 좋다	• 노래를 이해하기 위해 한국어를 열심히 공부하게 되었다	• 같이 사진을 찍고 싶다 • "감사합니다. 힘들 때마다 노래를 들으면서 힘을 냈어요."라고 말하고 싶다

좋아하는 사람	좋아하게 된 이유	나의 변화	하고 싶은 것

2 위에서 쓴 사람의 사진을 찾아보세요.
Look for a picture of the person you just wrote above.

변화 change   힘을 내다 to cheer up

3 그 사진을 보여 주면서 친구와 서로 이야기하고 메모하세요.
Show the picture to your classmates and talk about the person.

	친구 이름:	친구 이름:
누구입니까?		
무엇을 하는 사람입니까?		
만난 적이 있습니까?		
그 사람을 언제 처음 알게 됐습니까?		
그 사람을 왜 좋아합니까?		
그 사람을 좋아하고 나서 달라진 점이 있습니까?		
그 사람을 만나면 하고 싶은 일이 있습니까?		
그 사람에게 하고 싶은 말이 있습니까?		

4 여러분이 아는 유명한 사람에 대해서 발표해 보세요.
Present the famous person you know to your classmates.

저는 '지니'라는 한국 가수를 좋아합니다. …

한국의 전통 놀이를 해 봤어요?
Have you played Korea's traditional games?

한국의 전통 놀이를 알아요?
한국의 전통 놀이를 해 봤어요?

윷놀이 　　　　씨름

연날리기 　　　　강강술래

↳ 여러분 나라의 전통 놀이에는 뭐가 있어요?

 발음 Pronunciation

'ㄱ, ㄷ, ㅂ, ㅈ'은 앞이나 뒤에 'ㅎ'이 오면 [ㅋ, ㅌ, ㅍ, ㅊ]로 발음합니다.
When consonants 'ㄱ, ㄷ, ㅂ, ㅈ' come before or after 'ㅎ,' they are pronounced as [ㅋ, ㅌ, ㅍ, ㅊ].

예 가: 미안한데 나 조금 늦을 것 같아.　　가: 왜 이 노래를 좋아해요?
　　나: 그럼 내가 표를 사 **놓고** 기다릴게.　나: 이 노래를 들으면 마음이 **따뜻해져요**.

 자기 평가 Self-Check

☐ 여러분이 좋아하는 한국 문화에 대해서 이야기해 보세요.
☐ 여러분 나라에서는 명절에 뭐 해요?

연날리기 kite flying

18

추억과 꿈 Memories & Dreams

18-1 이번 학기가 끝나서 좋기는 하지만 아쉬워요

18-2 한국에 온 지 벌써 6개월이나 됐다

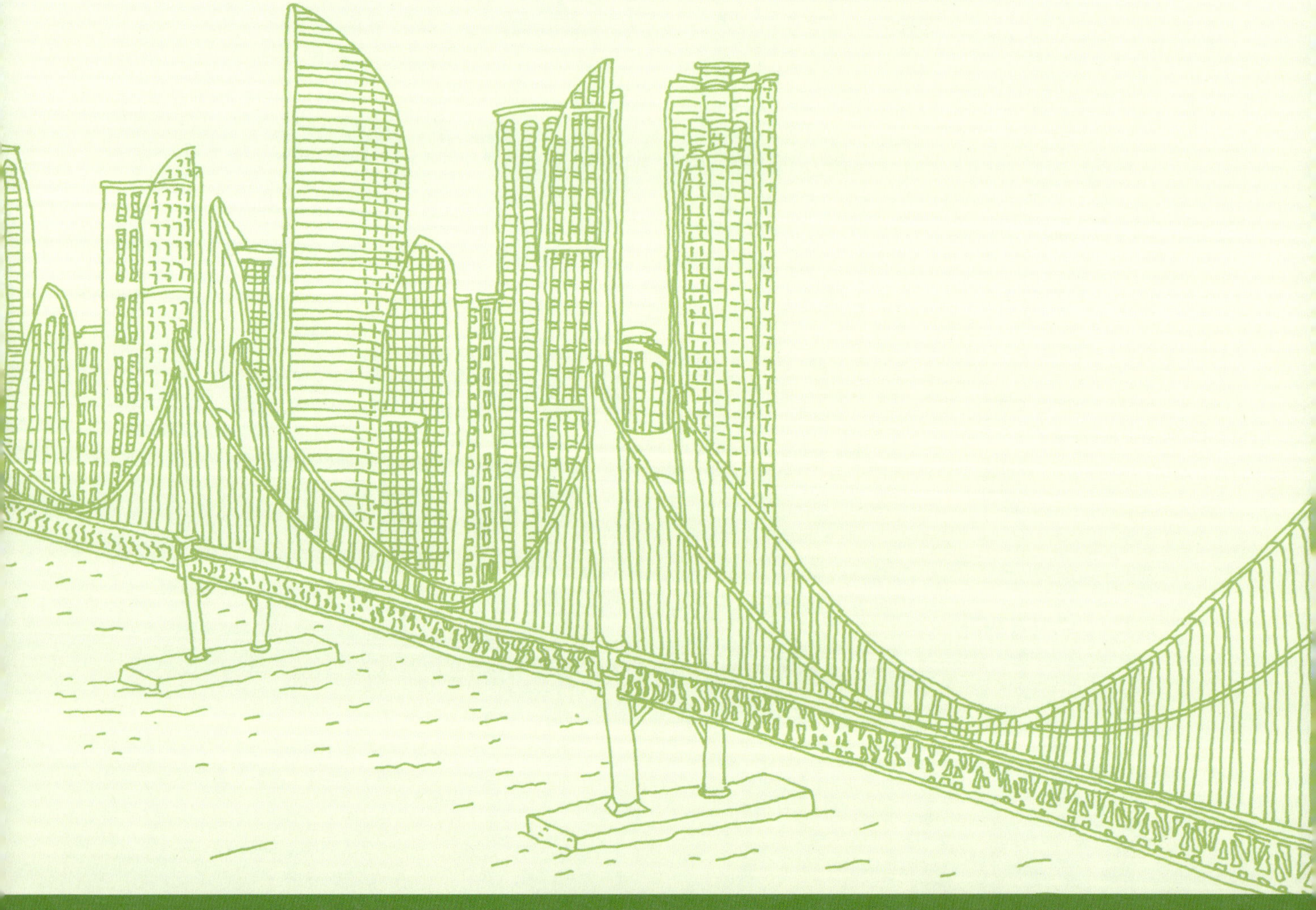

1 이번 학기에 한 일 중에서 뭐가 제일 재미있었어요?
2 한국어를 배운 후에 뭐 하고 싶어요?

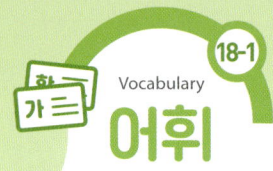

18-1 Vocabulary 어휘

이번 학기가 끝나서 좋기는 하지만 아쉬워요
I'm glad this semester is over, but I'm a bit sad

그립다

아쉽다

후회가 되다

기억에 남다

그립다 to miss   아쉽다 to be sad   후회가 되다 to regret   기억에 남다 to be memorable

이야기해 보세요

▶ 2급이 끝나면 기분이 어떨 것 같아요?
▶ 한국에 처음 왔을 때 날씨가 어땠어요?

봄

꽃이 피다

바람이 불다

여름

장마가 시작되다

태풍이 오다

가을

단풍이 들다

나뭇잎이 떨어지다

겨울

얼음이 얼다

눈이 내리다

꽃이 피다 flowers bloom 장마가 시작되다 monsoon begins 태풍이 오다 typhoon comes
단풍이 들다 foliage change colors 나뭇잎이 떨어지다 leaves fall 얼음이 얼다 ice freezes
눈이 내리다 snow falls

Speaking 18-1

말하기 1 친구와 연습해 보세요.
Practice with your partner.

가: 내일부터 방학이에요.
　　이번 학기가 잘 끝나서 기분이 좋아요.
나: 저도 좋기는 하지만 좀 아쉬워요.
가: 왜요?
나: 고향에 돌아가야 돼서요.

1) 후회되다 / 2급 공부를 열심히 안 했다
2) 걱정되다 / 3급 공부가 어려울 것 같다
3) 아쉽다 / 2급 반 친구들과 헤어지게 됐다

말하기 2 친구와 연습해 보세요.
Practice with your partner.

가: 주말에 친구가 서울에 오는데 뭐 해야 할지 모르겠어요.
나: 꽃이 많이 피었으니까 벚꽃 구경을 가 보세요.
가: 좋은 생각이네요. 고마워요.
나: 아니에요. 주말 잘 보내세요.

1) 친구 생일 파티가 있다 / 무슨 선물을 사다 / 장마가 시작되다 / 예쁜 우산을 선물하다
2) 고향에서 부모님이 오시다 / 어디에 가다 / 단풍이 예쁘게 들었다 / 단풍 구경을 가다
3) 친구와 만나기로 했다 / 뭐 하다 / 얼음이 얼었다 / 스케이트를 타다

> 문법과 표현
> 동 형 -기는 하지만　☞ 40쪽
> 동 형 -(으)ㄹ지 모르겠다　☞ 41쪽

스케이트 skate

말하기 3 친구와 이야기해 보세요.
Talk with your partner.

발음
- 공부할 거예요
  [공부할꺼예요]
- 할 수 있을지 모르겠어요
  [할쑤] [이쓸찌]
- 취직할 수 있을 거예요
  [취지칼쑤] [이쓸꺼예요]

나 나: 벌써 이번 학기가 끝났네요.

다니엘: 맞아요. 정말 시간이 빨리 지나간 것 같아요.

나 나: 다니엘 씨는 지금까지 한국에서 한 일 중에 뭐가 가장 기억에 남아요?

다니엘: 지난가을에 산에 간 게 가장 기억에 남아요. 단풍이 들어서 정말 아름다웠어요. 나나 씨는요?

나 나: 전 한글을 배운 거요. 다른 친구들은 쉽게 배우는데 저는 너무 어려웠어요.

다니엘: 그랬어요? 지금은 이렇게 한국어를 잘하는데요.

나 나: 그때부터 한국어 공부를 정말 열심히 했어요. 공부가 힘들기는 했지만 재미있었어요. 다니엘 씨는 다음 학기에도 계속 공부할 거예요?

다니엘: 아니요. 회사에 취직하고 싶은데 할 수 있을지 모르겠어요.

나 나: 다니엘 씨는 한국말을 잘하니까 빨리 취직할 수 있을 거예요.

1)
2)
3)
4)

산에 가다, 단풍이 들다, 아름답다

회사에 취직하다

지난가을 last fall   한글 Korean alphabet

준비 지금은 무슨 계절이에요? 여러분은 이 계절이 되면 기억나는 일이 있어요?
What season is it now? Whenever this season comes, does it remind you of something?

듣기 1 라디오 방송입니다. 잘 듣고 질문에 답해 보세요.
This is a radio show broadcast. Listen carefully and answer the question.

❖ 라디오 홈페이지 게시판에 올릴 사진은 뭐예요? 알맞은 그림을 고르세요.

①  ②  ③

봄, 여름, 가을, 겨울에 찍은 예쁜 사진이 있어요? 친구들에게 보여 주고 이야기해 보세요.
Do you have any pretty pictures you took in spring, summer, fall, and winter? Show them to your classmates and talk about it.

이 사진은 제가 작년 가을에 단풍 구경을 갔을 때 찍은 사진이에요.

라디오 radio　　봄바람 spring wind　　게시판 bulletin board　　쿠폰 coupon

준비 **고향에 돌아가면 뭐가 가장 그리울 것 같아요?**
What are you going to miss the most when you go back to your hometown?

듣기 2 **크리스와 안나의 대화입니다. 잘 듣고 질문에 답해 보세요.**
This is a conversation between Chris and Anna. Listen carefully and answer the questions.

1 남자는 고향에 가기 전에 뭐 하고 싶어 해요? 알맞은 그림을 고르세요.

① 　② 　③

2 맞는 것을 고르세요.

① 남자는 다음 학기에 한국에 돌아올 것이다.
② 남자는 방학에 친구들과 단풍 구경을 갈 것이다.
③ 남자는 부모님 일을 도와드리기 위해 고향에 갈 것이다.

2급 생활이 어땠어요?
How was the Level 2 life?

	친구 이름:	친구 이름:
뭐가 가장 아쉬워요?		
뭐가 가장 그리울 것 같아요?		
뭐가 가장 후회가 돼요?		
뭐가 가장 기억에 남아요?		

한국에 온 지 벌써 6개월이나 됐다
I've been in Korea for 6 months already

시간

과거

현재

미래

과거 past　　　현재 present　　　미래 future

이야기해 보세요

▶ 여러분의 과거와 현재가 어떻게 달라요?
▶ 꿈이 있어요?

꿈을 가지다

노력하다

꿈꾸다

떨어지다

꿈을 이루다

합격하다

꿈을 가지다 to have a dream   꿈꾸다 to dream   꿈을 이루다 to realize one's dream
노력하다 to make an effort   떨어지다 to get rejected/fail   합격하다 to pass/get accepted

준비 언제 한국에 왔어요? 한국어 공부를 마치고 나서 뭘 하고 싶어요?
When did you come to Korea? What do you want to do after studying Korean?

읽기 1 신문 기사입니다. 잘 읽고 맞는 것을 고르세요.
This is a newspaper article. Read carefully and choose the correct statement.

> 최근 케이팝과 한국 드라마 등의 인기 때문에 한국학을 전공하는 외국인 유학생이 늘고 있다. 서울대학교 대학원에 다니는 다니엘(23) 씨는 "케이팝을 좋아해서 한국에 **온 지** 3년이 되었습니다. 제 꿈은 한국 문화를 세계에 알리는 것인데 이 꿈을 이루기 위해 한국학을 전공하고 있습니다."라고 말했다.

① 다니엘의 꿈은 한국학을 전공하는 것이다.
② 다니엘은 한국에 와서 케이팝을 좋아하게 됐다.
③ 한국 문화를 좋아해서 한국에 오는 사람이 많아지고 있다.

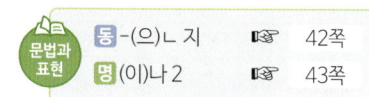

최근 lately   유학생 study abroad student   늘다 to increase   세계 world

읽기 2 제니의 일기입니다. 잘 읽고 질문에 답해 보세요.
This is Jenny's diary entry. Read carefully and answer the questions.

> 6월 30일 금요일 ☀
>
> 　한국에 **온 지** 벌써 **6개월이나** 되었다. 한국에 처음 왔을 때 눈이 많이 내리고 있었는데 이제 장마가 시작됐다.
> 　나는 그동안 한국에서 즐겁게 지냈다. 친구들하고 여행도 하고 맛집에도 다녔다. 떡볶이를 먹었는데 너무 매워서 우유를 **세 잔이나** 마신 것이 생각난다. 그때는 입안에 불이 난 것 같았다. 지금은 매운 음식 먹는 것에 익숙해졌다.
> 　나는 한국에 오기 전에는 특별한 꿈이 없었다. 그냥 한국 노래가 좋아서 한국에 왔는데 한국에 살면서 나에게도 꿈이 생겼다. 그 꿈은 바로 한국어 선생님이 되는 것이다. 시간이 얼마나 걸릴지 모르겠지만 나는 이 꿈을 이루기 위해서 계속 한국어를 열심히 공부할 것이다.

1 제니가 한국에서 경험한 것을 모두 고르세요.

2 맞는 것을 고르세요.

① 제니는 한국에 와서 처음 눈을 봤다.
② 제니가 간 식당에 불이 난 적이 있다.
③ 제니는 한국에 와서 꿈을 가지게 되었다.

💬 **꿈이 뭐예요? 어떻게 그 꿈을 가지게 됐어요?**
What is your dream? How did you come to have that dream?

> 저는 예쁜 옷을 만드는 디자이너가 되고 싶어요.
> 모델 일을 한 지 6개월 정도 됐는데
> 제가 직접 옷을 만들어 보고 싶어졌어요.

입안 inside the mouth 　　디자이너 designer 　　모델 model 　　직접 directly

준비 여러분의 한국 생활과 앞으로의 계획에 대해서 메모해 보세요.
Write down notes about your life in Korea and your future plans.

한국에서 생활한 기간	한국에 온 지 얼마나 됐어요?
한국에서 경험한 것	한국에서 어떤 경험을 했어요? • 계절, 날씨 • 만난 사람 • 먹은 음식 • 가 본 곳 • …
꿈을 위해서 할 일	꿈이 뭐예요? • 꿈 • 계획

쓰기 여러분의 한국 생활과 앞으로의 계획에 대해서 써 보세요.
Write about your life in Korea and your future plans.

친구에게 줄 메시지를 써 보세요.
Write a message on a piece of paper that you're going to give to your classmate.

1 2급 수업에서 가장 기억에 남는 일이 뭐예요? 친구들에게 이야기해 보세요.
What's the most memorable thing about the Level 2 class? Talk with your classmates about it.

> 저는 시험 전날 아야나 씨와 카페에서 공부한 것이 제일 기억에 남아요.
> 그때 열 시간 동안이나 쉬지 않고 공부를 했어요.

> 저는 중간시험이 끝나고 다니엘 씨와 부산 여행한 것이 제일 기억에 남아요.
> 그때 처음 바다를 봤는데 정말 아름다웠어요.

2 우리 반 친구들과의 추억을 간단하게 메모하세요.
Write simple notes about the memories you had with your classmates.

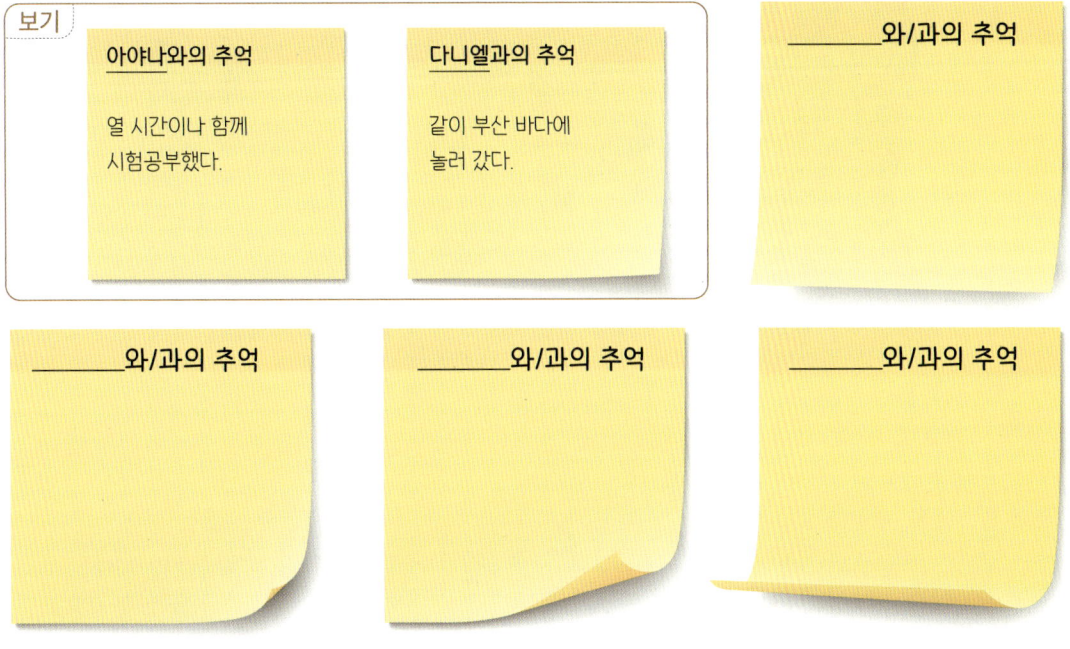

보기
- 아야나와의 추억: 열 시간이나 함께 시험공부했다.
- 다니엘과의 추억: 같이 부산 바다에 놀러 갔다.
- _____와/과의 추억
- _____와/과의 추억
- _____와/과의 추억
- _____와/과의 추억

전날 the previous day　　중간시험 mid-term exam/test　　추억 memory

3 친구들에게 해 주고 싶은 말이 있어요? 선생님께 받은 메모지에 써 보세요.
Is there something you would like to tell your classmates? Write it on the paper that the teacher gives you.

> 보기
>
> 아야나 씨,
> 우리가 만난 지 벌써 3개월이나 됐네요.
> 시험 전날 같이 공부해 줘서 고마워요.
> 아야나 씨 덕분에 시험을 잘 봤어요.
> 3급에서 또 만났으면 좋겠어요.
>
> - 엥흐

4 3에서 쓴 메모지를 친구들의 종이에 붙여 주세요.
Stick the memos you wrote from the previous activity on your classmates' papers.

한국에 오는 유학생들이 늘고 있어요
Number of international students coming to Korea is increasing.

한국에 온 유학생들은 보통 얼마 동안 한국어를 공부할까요?
대학교나 대학원에서 어떤 전공을 많이 선택할까요?
졸업 후에 한국에서 뭘 하고 싶어 할까요?

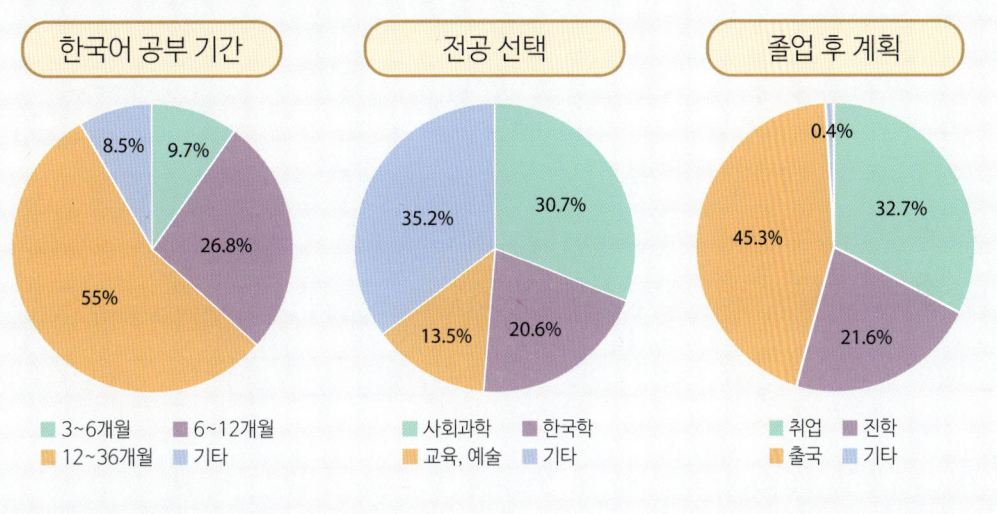

통계청(2020), 법무부, 『이민자체류실태조사』

⇒ 여러분의 계획은 뭐예요?

발음 Pronunciation

어미 '-(으)ㄹ' 뒤에 오는 'ㄱ, ㅅ, ㅈ'은 [ㄲ, ㅆ, ㅉ]로 발음합니다.
'ㄱ, ㅅ, ㅈ' that comes after the ending '-(으)ㄹ' are pronounced as [ㄲ, ㅆ, ㅉ].

예 가: 취직할 수 있을지 모르겠어요.   가: 고향에 돌아가면 연락하세요.
   나: 잘 될 거예요. 걱정하지 마세요.   나: 네. 꼭 연락할게요.

자기 평가 Self-Check

☐ 한국에서 한 일 중에 뭐가 가장 기억에 남아요?
☐ 여러분의 꿈은 뭐예요?

사회과학 social science   교육 education   예술 art   취업 getting a job   진학 entering school   출국 departing a country

서울대 한국어+ 2B

부록 Appendix

활동지 Activity Sheets
번역 Translation
듣기 지문 Listening Script
모범 답안 Answer Key
어휘 색인 Glossary

11. 음식

식당 이름		음식 종류	
추천 메뉴		서비스	☆☆☆☆☆
맛	☆☆☆☆☆	교통	☆☆☆☆☆
값	☆☆☆☆☆	분위기	☆☆☆☆☆
기타			

식당 이름		음식 종류	
추천 메뉴		서비스	☆☆☆☆☆
맛	☆☆☆☆☆	교통	☆☆☆☆☆
값	☆☆☆☆☆	분위기	☆☆☆☆☆
기타			

식당 이름		음식 종류	
추천 메뉴		서비스	☆☆☆☆☆
맛	☆☆☆☆☆	교통	☆☆☆☆☆
값	☆☆☆☆☆	분위기	☆☆☆☆☆
기타			

13. 감정

Translation / 번역

말하기 Speaking

10. 학교생활 School Life

① 가: Minwoo, what are you doing in the evening?
나: Nothing special. I'm going to rest at home. Why?
가: Can you help me memorize some words?
나: Yeah, I'll help you.

② 가: Shall we go and relieve some stress after today's test?
나: Sounds good. Where do you want to go?
가: I think eating good food will relieve my stress.
나: How about cake? Let's go to a cafe in Myeong-dong.

③ Jenny: Did you do well on the test?
Nichkhun: Yeah, I think I did better than the last time.
Jenny: Me too, but the speaking test was a bit difficult. How about you?
Nichkhun: The speaking test was okay for me.
Jenny: Really? I think it's because you talk a lot with your Korean friends.
Nichkhun: But the reading test was a bit difficult for me. You read a lot, so it wasn't difficult for you, right?
Jenny: Yeah, I always find the reading test easier than the speaking test.
Nichkhun: Why don't we practice speaking and reading starting from today?
Jenny: That's a good idea. Let's do it.

11. 음식 Food

① 가: Where do you usually eat?
나: I eat at Eommasonsikdang, and their food is delicious.
가: Really? I want to go too.
나: I'm going this weekend. If you have time, let's go together.

② 가: What do you want to eat?
나: There are many kinds of food. What are you going to have?
가: The soft tofu stew here is good. I want to have that.
나: I'll have the soft tofu stew too.

③ Yujin: What do you want to eat?
Eric: I'm not sure since I've never been at this restaurant before. What's good here?
Yujin: This place is most famous for their soft tofu stew. Do you want to try it?
Eric: I can't have spicy food, and I think the soft tofu stew will be spicy. I'll try something else.
Yujin: How about soybean paste stew? It's good here, so give it a try.
Eric: Okay, I'll have the soybean paste stew.
Yujin: Excuse me? One soft tofu stew and one soybean paste stew, please.

12. 외모와 성격 Appearances & Personalities

① 가: Sis, how about these black sneakers?
나: Well, I don't think they go well with those blue jeans.
가: Should I wear white ones then?
나: Yeah, I think that's better.

② 가: Is this child wearing a green t-shirt you, Anna?
나: No, that's my older sister.
가: Then which one is you?
나: The child next to her wearing a yellow hat is me.

③ Jenny: Hai, who was that person?
Hai: Who? The person I was talking to just now?
Jenny: Yes, the man wearing a black sweater.
Hai: The person wearing a black sweater and carrying a gray bag?
Jenny: Yes, that's right.
Hai: Oh, he's an upper classmate of my club.
Jenny: Really? I'm asking because I thought I saw him from somewhere, but I don't remember exactly where.
Hai: He has a part-time job at the cafe in front of school. You probably saw him there.

13. 감정 Emotions

① 가: I'm so annoyed lately.
나: Why? What's wrong?
가: I'm going home late every day because of my part-time job. I want some rest.
나: Don't overdo yourself and get some rest over the weekend.

② 가: Did something good happen? You look very happy.
나: Yes, I'm going to Jeju Island with my family this weekend.
가: Wow, good for you.
나: Yes, I'm so looking forward to it.

❸ Daniel: Yujin, it looks like something's bothering you.

Yujin: I'm so annoyed with my younger sister.

Daniel: Why? What's wrong?

Yujin: My younger sister secretly went out wearing my cherished shoes.

Daniel: Really? You must be so upset.

Yujin: I'm angrier because this isn't the first time.

Daniel: I fought a lot with my younger brother because he often did the same thing. How about talking to her?

Yujin: Yes, I'll talk to her today.

14. 인생 Life

❶ 가: Long time no see. How have you been?

나: Yeah, I've been well. Nothing much, right?

가: I've been admitted to university for next year.

나: Wow, congratulations.

❷ 가: Hello, Mister.

나: Hello, Eric. How are you doing these days?

가: Thanks to you, I'm doing well.

나: That's good. Contact me if anything comes up.

❸ Daniel: Hello, Nana? Long time no talk.

Nana: It's been a long time, Daniel. How have you been?

Daniel: I've been busy with graduate school, but I'm doing well. How about you, Nana?

Nana: I am also doing well. I have good news, and you're the first person I'm calling.

Daniel: Really? What is it?

Nana: I got into graduate school this time.

Daniel: Wow, that's great. Congratulations.

Nana: Thanks to your help with the application process, I was able to be admitted. Thanks so much.

Daniel: It was nothing. Thanks for letting me know about the good news. Once again, congratulations.

15. 집 House

❶ 가: How about this house? It'll be a nice place to live because the room is large.

나: It looks nice. How much is the monthly rent?

가: It's 500,000 won.

나: It's a bit expensive. Can I see other houses?

❷ 가: My electricity bill for this month was too high.

나: How much was it?

가: It was 50,000 won.

나: That's strange. Mine was only 30,000 won. You should ask your landlord.

❸ Realtor: Welcome.

Ayana: Hello? I'm looking for a house to live.

Realtor: What kind of a house are you looking for?

Ayana: I'm looking for a studio with convenient transportation.

Realtor: What is the price range you're looking for?

Ayana: I'm thinking of a security deposit of 10M won and a monthly rent of 500,000 won.

Realtor: Do you want to check out a nice house that just came on the market? It's only a 5-minute walk to the subway station.

Ayana: Is the room large?

Realtor: Yes, it'll be a good place to live because the room is large, and the surroundings are quiet.

16. 예절 Etiquette

❶ 가: Korea's etiquette is very different from that of my country.

나: What's different?

가: In my country, we eat while holding the rice bowl, but in Korea, you leave it on the table.

나: Really? That's fascinating to know about the cultural differences.

❷ 가: Jamila, why do you bow when you do a greeting? You don't need to do that.

나: Really? Don't you have to bow when greeting someone in Korea?

가: You only need to bow when greeting an elder.

나: Oh, really? Thanks for letting me know.

❸ Anna: Something embarrassing happened to me today.

Minwoo: What happened?

Anna: I waved to the next-door grandma when I greeted her.

Minwoo: Oh, when you greet an elder in Korea, you must bow.

Anna: Yes, I know, but in my country we can greet others by waving. That's why I keep making mistakes.

Minwoo: So what happened?

Anna: The grandma laughed and taught me how to greet properly.

Minwoo: People can make mistakes because every country has their own etiquette. You'll soon get used to it.

17. 문화 Culture

❶ 가: Why did you come to Korea?
　　나: I came because I was interested in Korean fashion.
　　가: What are you doing now?
　　나: I'm learning Korean to study design in university.

❷ 가: What are you going to do during break?
　　나: I bought a ticket to watch a traditional Korean performance.
　　가: Really? Where can you watch it? I want to watch it too.
　　나: You can watch it at the National Gugak Center. I'll give you the information.

❸ Eric: What are you going to do after class today?
　　Jamila: I'm going to watch a performance with a friend.
　　Eric: What performance?
　　Jamila: It's a K-pop concert. I bought a ticket a month ago just to watch this performance.
　　Eric: Sounds fun. When did you start liking K-pop?
　　Jamila: I tagged along with a friend to a concert last summer, and I became interested since then. It was really good because they sang and danced well.
　　Eric: Really? I want to go to a K-pop concert.
　　Jamila: I'll recommend a good performance when I see one. I'm certain you'll like it too.

18. 추억과 꿈 Memories & Dreams

❶ 가: It's school break starting tomorrow. I'm glad this semester ended well.
　　나: I'm glad too, but I'm a bit sad.
　　가: Why?
　　나: Because I have to go back to my hometown.

❷ 가: My friend is coming to Seoul over the weekend, and I don't know what we can do.
　　나: Go and see the cherry blossoms since they are in full bloom.
　　가: That's a good idea. Thanks.
　　나: No problem. Have a great weekend.

❸ Nana: This semester is already over.
　　Daniel: Right, the time has gone by so fast.
　　Nana: What's the most memorable thing you did during your stay in Korea?
　　Daniel: The most memorable thing was going to the mountain last fall. The fall foliage was absolutely beautiful. How about you, Nana?
　　Nana: For me, studying Korean alphabet. It may have been easy for other people, but it was difficult for me.
　　Daniel: Was it? But you're so good at Korean now.
　　Nana: I studied Korean really hard since then. Studying was tough, but it was fun. Are you going to continue studying next semester, Daniel?
　　Daniel: No, I want to get a job, but I'm not sure if that will happen.
　　Nana: I'm sure you'll get a job quickly since you're really good at speaking in Korean.

10. 학교생활 School Life

❶ 여1: 여러분, 숙제 공책 가져가세요.
학생들: 네, 감사합니다.
여2: 아, 이 문법을 틀렸네. 크리스, 너는 이거 이해했지? 이거 설명 좀 해 줄 수 있어?
남: 나도 이 문법은 아직 잘 모르겠어.
여2: 그럼 우리 둘이 고민하지 말고 쉬는 시간에 선생님께 다시 질문하자.
남: 그래, 좋아.

❷ 남: 나나, 시험 잘 봤어?
여: 응. 전보다 잘 본 것 같아. 너는?
남: 난 이번에도 점수가 별로 안 좋아. 단어를 자꾸 잊어버려서 걱정이야. 넌 단어를 어떻게 외워?
여: 난 수업 시간에 새로운 단어를 배우면 집에서 여러 번 쓰면서 큰 소리로 읽어.
남: 아, 그래?
여: 그리고 단어 옆에 그림도 그리고 단어를 사용해서 책에 없는 문장도 만들어 봐.
남: 그거 재미있는 방법이네.
여: 너도 한번 해 봐.
남: 그래, 나도 한번 해 볼게. 고마워.

11. 음식 Food

❶ 남: 유진 씨, 지금 마시고 있는 게 뭐예요?
여: 인삼차예요. 요즘 기운이 없고 피곤해서 아침마다 마시고 있어요.
남: 그래요? 맛있어요?
여: 아니요. 맛은 좀 쓰지만 건강에 좋아서 마셔요. 한번 마셔 볼래요?
남: 으, 정말 쓰네요.

❷ 남: 오늘은 켈리 씨를 위해서 비빔밥을 준비했어요.
여: 비빔밥이요? 한국 드라마에 자주 나와서 한번 먹어 보고 싶었어요.
남: 잘됐네요. 많이 드세요.
여: 비빔밥에는 채소가 많이 들어가서 건강에 좋을 것 같아요.
남: 맞아요. 그리고 이거는 불고기라고 하는데 한국의 대표 음식이에요.
여: 여기에 넣어서 먹는 거예요?
남: 고기를 좋아하면 넣고, 안 좋아하면 넣지 말고 그냥 드세요.
여: 그럼 넣어서 먹어 볼래요. 이건 뭐예요?
남: 고추장이에요. 조금 매운데 매운 것을 잘 못 먹으면 조금만 넣으세요.
여: 네. 음, 정말 맛있네요. 고마워요, 민우 씨.

12. 외모와 성격 Appearances & Personalities

❶ 여: 안내 말씀 드립니다.
빨간색 티셔츠를 입고 노란색 가방을 메고 있는 5살 남자아이를 찾고 있습니다. 이 아이와 함께 계시거나 아이를 보신 분은 안내 데스크 직원에게 말씀해 주십시오.

❷ 남: 아야나 씨, 기분이 안 좋아 보여요.
여: 조금 전에 좀 창피한 일이 있었어요.
남: 왜요? 무슨 일이 있었는데요?
여: 제 친구 할머니가 돌아가셔서 장례식장에 갔다 왔어요. 그런데 수업 끝나고 시간이 없어서 옷을 못 갈아입고 그냥 갔어요.
남: 이 노란색 원피스를 입고 갔어요?
여: 네. 장례식장에서 이렇게 입고 있으니까 사람들이 모두 저만 쳐다봤어요.
남: 그래도 친구는 아야나 씨가 가 줘서 힘이 났을 거예요.

13. 감정 Emotions

❶ 여: 하이 씨, 기분이 좋아 보이네요.
남: 네. 다음 주에 휴가를 내서 강릉으로 여행 가기로 했어요.
여: 그래요? 정말 좋겠어요.
남: 네. 그동안 일 때문에 계속 여행을 못 가서 너무 힘들고 답답했어요. 강릉 바다를 생각하면 벌써 신나요.
여: 가서 잘 쉬고 오세요.

❷ 남: 안녕하세요, 여러분. '1분 인터뷰'입니다. 오늘은 행복 연구소 김민정 선생님이 나오셨습니다. 선생님, 어떻게 하면 아이와 대화를 잘할 수 있을까요?
여: 대화를 잘하려면 무엇보다 아이의 마음을 이해해야 합니다. 아이가 "성적 때문에 속상해요."라고 하면 보통 부모들은 어떻게 대답할까요?
남: 글쎄요. "주말마다 아빠하고 같이 공부할까?"
여: 사람들은 보통 고민을 들으면 조언을 해 주려고 합니다. 그렇지만 조언보다는 먼저 "그래, 정말 속상하겠다." 이렇게 말해 주는 것이 필요합니다.
남: 조언보다는 먼저 아이의 마음을 알아주는 것이 중요하군요. 좋은 말씀 감사합니다.

14. 인생 Life

❶ 남1: 크리스 씨는 호주에서 요리사였지요? 언제부터 요리를 했어요?
남2: 대학생 때 식당에서 아르바이트를 하면서 요리를 배우게 됐어요. 에릭 씨는 몇 살 때부터 축구 선수가 되고 싶었어요?
남1: 여섯 살 때부터요. 저는 축구가 정말 좋았어요. 그런데 아이들에게 운동을 가르치는 것도 재미있을 것 같아서 선생님이 되려고 대학원에서 공부를 하게 됐어요.

남2: 그렇군요. 에릭 씨는 활발하고 친절해서 좋은 선생님이 될 것 같아요.

❷ 남: 유진 씨, 축하해요!
여: 네? 축하요…?
남: 아직 회사 홈페이지 못 봤어요? 빨리 보세요. 유진 씨 이번에 승진했어요.
여: 어머, 정말요? 몰랐어요.
…
감사합니다, 선배님. 모두 선배님 덕분이에요.
남: 아니에요. 유진 씨가 그동안 회사 일을 열심히 잘해서 빨리 승진하게 된 거예요.
여: 이 회사에 취직하고 처음에는 모르는 것도 많고 실수도 많이 했어요. 그런데 선배님께서 하나하나 가르쳐 주신 덕분에 회사 일에 빨리 익숙해졌어요.
남: 그렇게 말해 주니까 저도 기분이 참 좋네요. 다시 한번 축하해요.
여: 앞으로 더 열심히 일하겠습니다. 감사합니다.

15. 집 House

❶ 여: 어서 와. 집 찾기 힘들지 않았어?
남: 지하철역에서 가까워서 쉽게 찾았어. 이사한 거 축하해. 집이 정말 좋다.
여: 고마워.
남: 햇빛이 잘 들어오네. 집이 밝아서 따뜻해 보여.
여: 응. 전망도 좋고 시끄럽지 않아서 살기 좋아.

❷ 남: 나 다시 이사해야 할 것 같아.
여: 왜? 얼마 전에 이사하지 않았어?
남: 맞아. 한 달밖에 안 살았는데 윗집이 너무 시끄러워서 공부를 할 수가 없어. 윗집 아이들이 계속 뛰어다녀.
여: 윗집에 가서 얘기해 봤어?
남: 응. 그런데 아이들이 어려서 말을 안 듣는 것 같아. 그래서 다시 이사하려고.
여: 바로 이사할 수 있어?
남: 응. 집주인한테 말했는데 다음 주면 나갈 수 있을 것 같아. 너 사는 집은 조용해?
여: 응. 조용하고 시설도 좋아서 살기 편해.
남: 빈방이 있을까?
여: 내가 집주인에게 물어봐 줄까?
남: 그래. 한번 물어봐 줘. 고마워.

16. 예절 Etiquette

❶ 여: 안녕하세요. 이번 학기에 함께 동아리 활동을 하게 된 자밀라입니다.
남: 안녕하세요. 저는 닛쿤이에요. 실례지만 자밀라 씨는 나이가 어떻게 되세요?

여: 19살이에요. 닛쿤 씨는요?
남: 어? 저도 19살인데요. 나이가 같으니까 말 놓아도 될까요?
여: 그렇게 할까요? 잘 부탁해.
남: 그래. 우리 앞으로 친하게 지내자.

❷ 남: 민주야, 어서 먹자.
여1: 할아버지랑 엄마 먼저 드세요.
남: 우리 민주가 예절을 참 잘 배웠구나.
여1: 할아버지, 나 포크로 먹어도 돼?
여2: 민주야, 할아버지께는 존댓말을 써야 해.
여1: 아.
남: 괜찮아. 그런데 민주가 아직 젓가락질할 줄 모르지?
여2: 요즘 연습하고 있는데 아직 잘 못해요.
남: 그래? 조금만 기다려. 포크 가져다줄게.
여1: 잘 먹겠습니다.
남: 이 김밥이랑 떡볶이는 내가 민주 주려고 특별히 만든 거야. 맛있지?
여1: 네. 김밥은 맛있는데 떡볶이는 매워요. 물 주세요.
남: 민주가 아직 매운 걸 잘 못 먹는구나. 그럼 김밥을 많이 먹어.
여1: 네. 할아버지도 많이 드세요.

17. 문화 Culture

❶ 여: 뭐 보고 있어?
남: 사물놀이 동영상 보고 있어.
여: 사물놀이가 뭔데?
남: 네 가지 악기로 연주하는 한국의 전통 음악인데 아주 재미있어. 너도 볼래?
여: 와, 정말 신난다.
남: 난 방학에 사물놀이 수업을 들으려고 국립국악원에 신청해 놓았어.
여: 그래? 재미있겠다. 지금도 신청할 수 있을까?
남: 아마 할 수 있을 거야. 홈페이지에 들어가 봐.

❷ 남: 저는 지금 케이팝 콘서트장 앞에 나와 있습니다. 요즘 세계적으로 한국 아이돌의 인기가 많은데요. 이 콘서트장에도 다양한 국적의 팬들이 모여 있습니다. 그중 한 분과 이야기를 나눠 보겠습니다. 안녕하세요? 어디에서 오셨습니까?
여: 프랑스에서 왔어요.
남: 얼마 동안 기다리셨습니까?
여: 다섯 시간 동안 기다렸어요.
남: 한국말을 잘하시네요.
여: 네. 오빠들과 말하기 위해 한국어를 열심히 배웠어요.
남: 누구를 보러 오셨나요?
여: '비앤비(BnB)'요. 오빠들 노래가 너무 좋아요. 힘들 때마다 오빠들 노래를 들으면 힘이 나요.
남: 지금 들고 계신 것은 무엇입니까?
여: 다른 팬들하고 같이 먹을 빵이에요. 오늘 기다리면서 먹으려고 어제 미리 만들어 놓았어요.

남: 네. 인터뷰 감사합니다. 공연 즐겁게 보세요.

18. 추억과 꿈 Memories & Dreams

❶ 여: '아침의 라디오' 가족 여러분, 안녕하세요?
　　요즘 봄바람이 따뜻하게 불어서 기분이 좋으시지요? 산에는 예쁜 꽃들이 피었는데 꽃구경 갔다 오셨어요? 저는 요즘 바빠서 언제 갈 수 있을지 모르겠네요.
　　저처럼 바쁜 '아침의 라디오' 가족들에게 여러분이 찍은 예쁜 봄 사진을 보여 주세요. '아침의 라디오' 홈페이지 게시판에 사진을 올려 주시는 분들 중 다섯 분을 뽑아서 커피 쿠폰을 보내드릴게요.

❷ 남: 난 이번 학기가 끝나고 고향에 돌아가게 됐어.
　　여: 정말? 왜?
　　남: 집에 일이 좀 있어서.
　　여: 그래? 나중에 다시 한국에 올 거지?
　　남: 글쎄, 다시 오고 싶기는 한데 언제 올 수 있을지 모르겠어. 그동안 누나가 부모님 일을 도와드렸는데 결혼해서 외국에 가게 됐어. 그래서 이제는 내가 도와드려야 돼.
　　여: 네가 돌아가게 돼서 너무 아쉬워.
　　남: 나도 우리 반 친구들이 많이 그리울 거야.
　　여: 고향에 돌아가기 전에 하고 싶은 일 없어?
　　남: 친구들하고 같이 사진을 많이 찍고 싶어.
　　여: 그럼 이번 학기가 끝나기 전에 같이 단풍 구경 가서 사진 찍자.
　　남: 좋아. 친구들한테 연락해서 날짜를 정하자.

10. 학교생활 School Life

듣기1	1) ○	2) ×
듣기2	1 ①	2 ②

읽기1	③	
읽기2	1 ①	2 ③

11. 음식 Food

듣기1	1 인삼차	2 써요, 쓴맛
듣기2	1 ③	2 ①

읽기1	1) ○	2) ○
읽기2	1 ②	2 ③

12. 외모와 성격 Appearances & Personalities

듣기1	1) ○	2) ×
듣기2	1 장례식장에 노란색 옷을 입고 가서 / 장례식장에 옷을 잘못 입고 가서	
	2 ①	

읽기1	②	
읽기2	1 ①	2 ①

13. 감정 Emotions

듣기1	③	
듣기2	1 ②	2 ②

읽기1	②, ③	
읽기2	1 ③	2 ③

14. 인생 Life

듣기1	1) ×	2) ×
듣기2	1 ①	2 ①

읽기1	1) ×	2) ○	3) ×
읽기2	1 (②) - (④) - (①) - (③)		
	2 ①		

15. 집 House

듣기1	③, ④	
듣기2	1 ①	2 ①

읽기1	①	
읽기2	1 ①	2 ①

16. 예절 Etiquette

듣기1	①	
듣기2	1 ②	2 ①

읽기1	1) ×	2) ○
읽기2	1 ②	2 ③

17. 문화 Culture

듣기1	1) ×	2) ○
듣기2	1 ②	2 ①

읽기1	①	
읽기2	1 한 해 농사를 잘 지은 것	
	2 ③	

18. 추억과 꿈 Memories & Dreams

듣기1	①	
듣기2	1 ①	2 ③

읽기1	③	
읽기2	1 ②, ③	2 ③

ㄱ

한국어	English	Page
가스 요금	gas bill	103
가장	the most	63
가져다주다	to bring/deliver	47
가지	counter for kinds/types	138
갈비	short ribs	38
갈색	brown	54
갈아입다	to change one's clothes	59
감자탕	pork back-bone soup	38
값이 비싸다	price is expensive	45
값이 싸다	price is cheap	45
강강술래	Korean traditional circle dance	143
거리	distance	110
거실	living room	109
거절하다	to refuse	77
거짓말하다	to lie	77
걱정되다	to be worried	71
걸리다	to be hung	111
검은색	black	54
게시판	bulletin board	154
게으르다	to be lazy	61
게임기	game console	142
결과	result	80
결혼하다	to marry	87
경비실	security office	110
고개를 돌리고 마시다	to drink with head turned	119
고개를 숙여서 인사하다	to bow to salute someone	118
고기	meat	38
고등학생	high school student	63
고민하다	to worry	26
고장이 나다	to be broken	93
고추장	red pepper paste	43
고향에 내려가다	to go down to one's hometown	141
곡식	crop	143
공연	performance	126, 134
공연장	performance hall	126
공유 주택	co-living housing	115
과거	past	156
관객	audience	126
관계	relationship	80
관람	viewing	126
관리비	maintenance fee	103
관심이 생기다	to start having interest	135
관심이 없다	to have no interest	135
교과서를 사다	to buy a textbook	29
교육	education	163
교통이 불편하다	transportation is inconvenient	45
교통이 편리하다	transportation is convenient	45
구하다	to look for	114
국립국악원	National Gugak Center	136
국립중앙박물관	National Museum of Korea	136
국물	soup	47
국수	noodles	38
궁금하다	to be curious	32
그날	that day	95
그때	that moment	94
그립다	to miss	111, 150
그해	that year	143
글쎄	well	56
금방	soon	121
금연	No Smoking	125
기념하다	to commemorate	144
기대되다	to look forward to	72
기쁘다	to be delighted	70
기숙사	dorm(itory)	108
기억에 남다	to be memorable	94, 150
기억이 나다	to remember	57
긴장되다	to be nervous	71
김치박물관	Kimchi Museum	136
까만색	black	54
께서	honorific subject particle	121
꽃이 피다	flowers bloom	151
꿈꾸다	to dream	157
꿈을 가지다	to have a dream	157
꿈을 이루다	to realize one's dream	157
끝내다	to end	74

끼다	to put on (ring, glasses, etc.)	55

ㄴ

나뭇잎이 떨어지다	leaves fall	151
(드라마에) 나오다	to appear (in a drama)	43
남향	southward	110
낳다	to give birth	62
내성적이다	to be introverted	61
넘어지다	to fall	92
노란색	yellow	54
노력하다	to make an effort	157
녹색	green	54
놀랍다	to be surprising	78
놀이공원	amusement park	72
농사를 짓다	to farm	143
높임말	honorific	35
높임말/존댓말을 하다	to speak formally/in honorifics	118
놓치다	to miss	92
눈썹이 연하다	to have light eyebrows	60
눈썹이 진하다	to have dark eyebrows	60
눈이 내리다	snow falls	151
느긋하다	to be laid back	61
느낌	feeling	112
늘다	to increase	158

ㄷ

다리를 꼬고 앉다	to sit with crossed legs	119
다행이다	to be fortunate	88
단풍이 들다	foliage change colors	151
달다	to be sweet	39
닮다	to resemble	63
답답하다	to be frustrated	70
답변	answer	31
답장을 보내다	to send a reply	28
당황하다	to be flustered	95
대	counter for vehicles	110
대답하다	to answer	22
대표	representative	43

대학로	Daehak-ro	136
대화를 하다	to converse	75
댓글	comments	62
돌보다	to take care of	143
돌아가시다	to pass away	59
동네	neighborhood	111
동료	co-worker	78
동아리	club	57
된장찌개	soybean paste stew	38
두 손으로 드리다	to give with two hands	118
드디어	finally	142
듣기	listening	23
들다	to hold	120
등	et cetera	31
등록금	tuition	29
등록하다	to register	29
디자이너	designer	159
따르다	to tag along	137
때	at the time	63
떡국	rice cake soup	140
떨어뜨리다	to drop	92
떨어지다	to get rejected/fail	157
뛰다	to run	124
뛰어다니다	to run around	107

ㄹ

라디오	radio	154
라면	ramen	38
레몬차	lemon tea	41

ㅁ

마당	yard	109
마지막	the last	95
마침	just then	105
막차	last bus/train	95
만남	meeting	64
말을 놓다	to talk casually	122
말하기	speaking	23

맛	taste	45
맞다	to be correct	23
매우	very	63
매일매일	day after day	142
메뉴	menu	45
메다	to carry (bag)	55
면접	interview	61
명절	national holiday	140
모델	model	159
모습	image	95
모양	shape	143
목도리	scarf/muffler	56
몰래	secretly	73
묘	grave	143
무료	free	31
문법	grammar	26
문에 기대다	to lean on the door	124
문장	sentence	27
물냉면	cold buckwheat noodles	47
뮤지컬	musical	134
미끄러지다	to slip	92
미래	future	156

ㅂ

바라다	to wish	64
반	class	63
반달	half moon	143
반말	informal speech	35
반말을 하다	to speak informally	118
반입하다	to bring in	126
반찬	side dish(es)	51
발을 올리다	to put one's feet up	124
발표하다	to present	22
밟다	to step on	127
밤늦다	late at night	95
밥	rice/meal	38
밥그릇	rice bowl	120
방문	visit	31

방이 넓다	room is large	102
배달	delivery	47
벌써	already	74
베란다	veranda	109
벽	wall	111
변화	change	145
별일 없다	to have nothing special	24
보라색	purple	54
보름달	full moon	143
보증금	security deposit	105
볶음밥	fried rice	38
봄바람	spring wind	154
부동산	real estate agency	107
부딪히다	to bump into	92
부지런하다	to be diligent	61
부탁하다	to ask a favor	77
분명히	certainly	137
분위기가 나쁘다	atmosphere is bad	45
분위기가 좋다	atmosphere is good	45
분홍색	pink	54
불이 나다	to be a fire	93
비빔국수	spicy mixed noodles	41
비슷하다	to be similar	63
빈방	vacant room	107
빌라	villa	108
빨간색	red	54
빼다	to take out	49

ㅅ

사고가 나다	to be in an accident	93
사고를 당하다	to get in an accident	97
사과하다	to apologize	127
사귀다	to date	77
사랑에 빠지다	to fall in love	86
사물놀이	Korean traditional percussion quartet	134
사용하다	to use	35
사이가 가깝다	to be close	76

한국어	English	Page
사이가 멀다	to not be close	76
사이가 나쁘다	to be on bad terms	76
사이가 좋다	to be on good terms	76
사장님	president/owner	88
사진 촬영 금지	No Photos	125
사회과학	social science	163
삼계탕	ginseng chicken soup	38
상을 받다	to receive an award	29
새로 지었다	to be newly built	103
색	color	54
색깔	color	54
생각나다	to remember	95
생기다	to look like	64
서두르다	to rush	110
서비스가 나쁘다	service is bad	45
서비스가 좋다	service is good	45
서예	calligraphy	136
선배	upper classmate	57
설날	Seollal (Native-Korean)/ New Year's Day	140
설명하다	to explain	22
성격이 급하다	to be impatient	61
성묘하다	to visit one's ancestral grave	141
성적	grades	75
세계	world	158
세계적	worldwide	139
세배하다	to do the New Year's bow	141
세뱃돈을 받다	to receive New Year's money	141
소리	sound	24
소식	news	89
소원을 빌다	to make a wish	141
속상하다	to be upset	71
손을 흔들면서 인사하다	to wave with one's hand to salute someone	118
송편	half-moon rice cake	140
수도 요금	water bill	103
수료하다	to complete	29
수저	spoon and chopsticks	127
순두부찌개	soft tofu stew	38
술	alcohol	129
스케이트	skate	152
스트레스가 풀리다	to be relieved of stress	24
스트레스를 풀다	to relieve stress	24
승진하다	to be promoted	87
시끄럽다	to be noisy	106
시다	to be sour	39
시설이 좋다	amenities are nice	102
시키다	to order	40
식탁	(dining) table	120
식혜	sweet rice drink	140
신나다	to be excited	70
실수하다	to make a mistake	91
싱싱하다	to be fresh	46
싸우다	to fight	77
쌍꺼풀이 없다	to not have double eyelids	60
쌍꺼풀이 있다	to have double eyelids	60
쓰기	writing	23
쓰다	to be bitter	39
씨름	Korean wrestling	143
씩	each	42

ㅇ

한국어	English	Page
아기를 낳다	to give birth to a baby	87
아끼다	to cherish	73
아나운서	announcer	90
아마	probably	57
아쉽다	to be sad	150
아이돌	idol	139
아이를 키우다	to raise a child	87
아저씨	mister	88
아주머니	ma'am	88
아파트	condo/apartment	108
악기	instrument	140
안내 데스크	information desk	58
알	counter for pill/tablet	42
알아주다	to acknowledge	75

야단맞다	to be scolded	123
양식	Western food	44
어깨가 넓다	to have broad shoulders	60
어깨가 좁다	to have narrow shoulders	60
어느 날	one day	95
어떤	some	94
어른	elder	120
얼음이 얼다	ice freezes	151
엘리베이터	elevator	94
연구소	research institute	75
연극	play	134
연날리기	kite flying	147
연주하다	to play/perform	138
옆집	next-door house	63
예술	art	163
예절	etiquette	120
오래되다	to be old	103
오피스텔	studio apartment	108
올리다	to improve	75
완료	completion	126
외롭다	to be lonely	70
외모	appearance	63
외우다	to memorize	22
우산	umbrella	95
운전사	driver	90
원룸	studio	105, 108
월세가 싸다	monthly rent is cheap	102
윗집	house upstairs	107
유학	study abroad	32
유학생	study abroad student	158
윷놀이하다	to play a game of yut	141
은퇴하다	to retire	87
을/를 위해서	for (something/someone)	42
음력	lunar calendar	143
음식물 반입 금지	No Food or Drink Allowed	125
음악회	classical music concert	134
의미	meaning	144
이름을 부르다	to call out a name	119
이마가 넓다	to have a wide forehead	60
이마가 좁다	to have a narrow forehead	60
이메일을 쓰다	to write an email	28
이메일을 지우다	to delete an email	28
이메일을 확인하다	to check an email	28
이번	this time	27
이상하다	to be strange	104
이상형	ideal type	65
이야기를 나누다	to talk	139
이웃	neighbor	107
이해하다	to understand	22
익숙하다	to be familiar	78
인기가 많다	to be popular	135
인기가 없다	to be unpopular	135
인삼차	ginseng tea	41
인생	life	86
인천	Incheon	24
인터뷰	interview	75
일식	Japanese food	44
일어서다	to get up	120
읽기	reading	23
잃어버리다	to lose	92
입안	inside the mouth	159
잊어버리다	to forget	22

ㅈ

자리를 양보하다	to offer one's seat	124
잘되다	to turn out well	43
잘 부탁하다	to look forward to working/studying with you	122
잡다	to hold	127
장갑	gloves	56
장단점	pros and cons	112
장례식장	funeral hall	59
장마가 시작되다	monsoon begins	151
장학금을 받다	to receive a scholarship	29
재료	ingredient	143
전공하다	to major in	136

전기 요금	electricity bill	103
전날	the previous day	161
전망이 좋다	view is nice	102
전하다	to report	90
점	point/aspect	112
점심시간	lunch time	78
접수를 받다	to receive an application	31
젓가락질	using chopsticks	123
정장	suit	59
조건	condition	114
조상	ancestor	143
조언하다	to advise	75
졸업하다	to graduate	86
종류	kind(s)	40
주변이 조용하다	surroundings are quiet	102
주차	parking	110
주차 금지	No Parking	125
주택	house	108
주황색	orange	54
죽다	to die	87
줄을 서다	to stand in line	124
줍다	to pick up	94
중간시험	mid-term exam/test	161
중개인	realtor	105
중식	Chinese food	44
중요하다	to be important	75
즐겁다	to be joyful	70
지난가을	last fall	153
지난번	last time	25
지역	region	143
지원하다	to apply	31
지키다	to adhere/follow/keep	123
직장	workplace	78
직접	directly	159
진학	entering school	163
질문하다	to ask a question	22
집주인이 좋다	landlord is nice	102
짓다	to build	110

짜다	to be salty	39
짜증이 나다	to be annoyed	71
찌개	stew	38

ㅊ

차	car	113
차례를 지내다	to have a memorial service for ancestors	141
차이	difference	120
착하다	to be nice/good	61
창피하다	to be embarrassed	59, 71
채소	vegetable	43
채식	vegetarian food	34, 44
챙기다	to take care of	88
청바지	blue jeans	56
체험	experience	136
쳐다보다	to look at	59
초등학교	elementary school	97
초등학생	elementary school student	63
초록색	green	54
최근	lately	158
추석	Chuseok (Sino-Korean)/ Korean Thanksgiving Day	140
추억	memory	161
추천	recommendation	45
출국	departing a country	163
출입 금지	No Entry	125
취업	getting a job	163
치즈	cheese	43
치킨	chicken	38
친척	relative	142

ㅋ

칼국수	knife-cut noodles	38
코끼리	elephant	58
콘서트	concert	134
콘서트장	concert hall	139
쿠폰	coupon	154

크기	size	107
크다	to grow	62
큰길	big street	107

ㅌ

탕	soup	38
태어나다	to be born	86
태풍이 오다	typhoon comes	151
특별히	specially	123
트럭	truck	90
틀리다	to be incorrect	23

ㅍ

파란색	blue	54
패션	fashion	136
편안하다	to be comfortable	79
포크	fork	123
피시방	Internet Cafe	24

ㅎ

하나하나	one by one	91
하늘색	sky blue	54
하다	to wear (necktie, scarf, etc.)	55
하루 종일	all day	81
하얀색	white	54
학교생활	school life	26
학기	semester	29
학생증을 받다	to receive one's student ID	29
한가위	Hangawi (Native-Korean)/ Korean Thanksgiving Day	143
한과	Korean traditional cracker(s)	140
한글	Korean alphabet	153
한 손으로 받다	to receive with one hand	118
한식	Korean food	44
합격하다	to pass/get accepted	157
해	year	143
해결	resolution	80
햇빛이 잘 들어오다	to have good sunlight	102
행동	behavior	80
행복	happiness	75
행복하다	to be happy	142
헤어지다	to break up	77
현관	entrance	109
현재	present	156
홍대	Hongik University/Hongdae	40
화나다	to be angry	71
환갑	60th birthday	99
환갑잔치	60th birthday party	99
활발하다	to be active	61
회색	gray	54
후	after	31
후기	review	45
후식	dessert	47
후회가 되다	to regret	150
휴가를 내다	to take a vacation	74
휴대폰 사용 금지	No Cell Phones Allowed	125
흰색	white	54
힘을 내다	to cheer up	145
힘이 나다	to be encouraged	59

집필진 Authors

장소원
Chang Sowon
- 서울대학교 국어국문학과 교수
  Seoul National University Professor at the Department of Korean Language & Literature
- 파리 5대학교 언어학 박사
  Ph.D. in Linguistics, University of Paris 5

김현진
Kim Hyun Jean
- 서울대학교 언어교육원 대우전임강사
  Seoul National University LEI Full-time Instructor
- 서울대학교 영어교육학 박사 수료
  Ph.D. Candidate in English Language Education, Seoul National University

김슬기
Kim Sulki
- 서울대학교 언어교육원 대우전임강사
  Seoul National University LEI Full-time Instructor
- 서울대학교 국어교육학 석사
  M.A. in Korean Language Education, Seoul National University

이정민
Lee Jeong Min
- 서울대학교 언어교육원 대우전임강사
  Seoul National University LEI Full-time Instructor
- 서울시립대학교 국어국문학 박사 수료
  Ph.D. Candidate in Korean Language & Literature, University of Seoul

번역 Translator

이수잔소명
Lee Susan Somyung
- 통번역가
  Translator & Interpreter
- 서울대학교 한국어교육학 석사
  M.A. in Korean Language Education as a Foreign Language, Seoul National University

번역 감수 Translation Supervisor

손성옥
Sohn Sung-Ock
- UCLA 아시아언어문화학과 교수
  UCLA Professor at the Department of Asian Languages & Cultures

감수 Supervisor

김은애
Kim Eun Ae
- 전 서울대학교 언어교육원 대우교수
  Former Seoul National University LEI Professor

자문 Consultants

한재영
Han Jae Young
- 한신대학교 명예교수
  Hanshin University Honorary Professor

최은규
Choi Eunkyu
- 전 서울대학교 언어교육원 대우교수
  Former Seoul National University LEI Professor

도와주신 분들 Contributing Staff

- 디자인 Design — (주)이츠북스 ITSBOOKS
- 삽화 Illustration — (주)예성크리에이티브 YESUNG Creative
- 녹음 Recording — 미디어리더 Media Leader

Student's Book 2B

초판 1쇄 발행 2022년 12월 28일
초판 3쇄 발행 2024년 8월 30일

지은이　　　서울대학교 언어교육원

펴낸곳　　　서울대학교출판문화원
주소　　　　08826 서울 관악구 관악로 1
도서주문　　02-889-4424, 02-880-7995
홈페이지　　www.snupress.com
페이스북　　@snupress1947
인스타그램　@snupress
이메일　　　snubook@snu.ac.kr
출판등록　　제15-3호

ISBN 978-89-521-3124-9 04710
　　　978-89-521-3116-4 （세트）

ⓒ 서울대학교 언어교육원 · 2022

이 책과 음원은 저작권법에 의해서 보호를 받는 저작물이므로
무단 전재와 복제를 금합니다.

Written by Language Education Institute, Seoul National University
Published by Seoul National University Press

Copyright ⓒ 2022 by Language Education Institute, Seoul National University

All rights reserved. No part of this publication may be reproduced in any form
without the written permission from publisher.

서울대 한국어⁺ 문법과 표현 2B

Student's Book

서울대학교출판문화원

2B

단원	과	문법과 표현
10 학교생활	10-1. 우리 같이 시험공부를 하자	① 반말 1 ② 반말 2
	10-2. 기숙사를 신청하려면 어떻게 해야 하나요?	③ 동-나요?, 형-(으)ㄴ가요?, 명인가요? ④ 동-(으)려면
11 음식	11-1. 난 순두부찌개 먹을래	① 동-는데, 형-(으)ㄴ데 1 ② 동-(으)ㄹ래요
	11-2. 제가 먹어 본 냉면 중에서 제일 맛있었어요	③ 명 중에서 ④ 동-아다/어다 주다
12 외모와 성격	12-1. 까만 스웨터를 입고 있어요	① 'ㅎ' 불규칙 ② 동-고 있다
	12-2. 제 친구는 바다처럼 마음이 넓습니다	③ 명처럼/같이 ④ 동형-았으면/었으면 좋겠다
13 감정	13-1. 너무 속상하겠어요	① 명 때문에 ② 동형-겠-
	13-2. 친구들과 친해지고 싶습니다	③ 동형-(으)ㄹ 때 ④ 형-아지다/어지다
14 인생	14-1. 대학교에 입학하게 됐어요	① 동-(으)ㄴ 덕분에 ② 동-게 되다
	14-2. 고마운 사람을 만난 적이 있습니다	③ 형-게 ④ 동-(으)ㄴ 적이 있다/없다

단원	과	문법과 표현
15 집	15-1. 방이 넓어서 살기 좋아요	① 동-기 형 ② 명밖에
	15-2. 벽에 가족사진이 걸려 있습니다	③ 동-아/어 있다 ④ 동형-기 때문에, 명(이)기 때문에
16 예절	16-1. 반말을 해도 돼요?	① 동-는데, 형-(으)ㄴ데 2 ② 동-아도/어도 되다
	16-2. 공연 중에 사진을 찍으면 안 됩니다	③ 동-는 중이다, 명 중이다 ④ 동-(으)면 안 되다
17 문화	17-1. 콘서트를 보기 위해서 표를 사 놓았어요	① 동-기 위해(서) ② 동-아/어 놓다
	17-2. 추석은 한국의 큰 명절 중 하나다	③ 동-는다/ㄴ다, 형-다, 명(이)다
18 추억과 꿈	18-1. 이번 학기가 끝나서 좋기는 하지만 아쉬워요	① 동형-기는 하지만 ② 동형-(으)ㄹ지 모르겠다
	18-2. 한국에 온 지 벌써 6개월이나 됐다	③ 동-(으)ㄴ 지 ④ 명(이)나 2

서울대 한국어⁺

❶ 반말 1

그거 맛이 어때?

맵지만 맛있어.

▶ 나와 친한 사람이나 아랫사람에게 사용합니다.
The informal speech is used when talking to someone who is close to you or is lower in social hierarchy.

▶ 평서문에서 동사나 형용사의 어간에는 '-아/어'를 붙이고 명사에는 '(이)야'를 붙여 사용합니다.
For a declarative sentence '-아/어' attaches to a verb or an adjective stem, and '(이)야' atteches to a noun.

동/형	ㅏ, ㅗ	➡	-아	만나다	**만나**
	그 외 모음	➡	-어	맛있다	**맛있어**
	하다	➡	해	따뜻하다	**따뜻해**
명	이야			학생	**학생이야**
	야			친구	**친구야**

예
가: 지금 뭐 **해**?
나: 밥 **먹어**.

가: 어디 **가**?
나: 아르바이트하러 **가**.

가: 뭐 **하고 싶어**?
나: **산책하고 싶어**.

가: 저 사람은 **누구야**?
나: 내 **동생이야**.

▶ **종결 어미와 함께 어휘도 바꿔야 할 때가 있습니다.**
There are cases when the vocabulary needs to change along with the sentence ending.

예 가: 이 옷이 저한테 맞을까요?　　→　이 옷이 **나**한테 맞을까?
　　나: 네. 나나 씨한테 맞을 것 같아요.　→　**응. 너**한테 맞을 것 같아.
　　　　아니요. 좀 클 것 같아요.　　→　**아니**. 좀 클 것 같아.

❷ 반말 2

우리 주말에 같이 발표 준비하자.

그래. 좋아. 주말에 연락해.

▶ 평서문 과거형의 경우 동사나 형용사 어간에는 '-았어/었어'를 붙이고 명사에는 '이었어/였어'를 붙여 사용합니다.
For a past tense declarative sentence, '-았어/었어' attaches to a verb or an adjective stem, and '이었어/였어' attaches to a noun.

동/형	ㅏ, ㅗ ➡ -았어	만나다	**만났어**
	그 외 모음 ➡ -었어	맛있다	**맛있었어**
	하다 ➡ 했어	따뜻하다	**따뜻했어**

명	이었어	학생	**학생이었어**
	였어	친구	**친구였어**

예 가: 주말에 뭐 **했어**? 　　　　　　　 가: 한국에 오기 전에 무슨 일을 **했어**?
　　 나: 집에서 **쉬었어**. 　　　　　　　　 나: **대학생이었어**.

▶ 종결 어미 '-(으)ㄹ 거예요'의 반말은 '-(으)ㄹ 거야'입니다.
The informal speech of the sentence ending '-(으)ㄹ 거예요' is '-(으)ㄹ 거야.'

동/형	-을 거야	먹다	**먹을 거야**
	-ㄹ 거야	예쁘다	**예쁠 거야**

* 'ㄹ' 받침의 동사나 형용사는 'ㄹ'을 탈락시키고 '-ㄹ 거야'를 사용합니다.
For verbs or adjectives that end with the final consonant 'ㄹ,' drop the 'ㄹ' and use '-ㄹ 거야.'

예 가: 저녁에 뭐 **먹을 거야**? 　　　　　 가: 방학에 뭐 **할 거야**?
　　 나: 피자 **먹을 거야**. 　　　　　　　　 나: 여행 **갈 거야**.

가: 넌 얼마 동안 한국에서 **살 거야**?
나: 나는 1년 동안 **살 거야**.

▶ 반말의 명령형은 동사의 어간에 '-아/어'를 붙여 사용합니다.
The informal speech's conjugated form of command is used by attaching '-아/어' to a verb stem.

동				
	ㅏ, ㅗ	➡ -아	앉다	**앉아**
	그 외 모음	➡ -어	읽다	**읽어**
	하다	➡ 해	공부하다	**공부해**

예 빨리 **와**.
추우니까 그 옷 입고 **나가지 마**.

▶ 반말의 청유형은 동사의 어간에 해라체의 '-자'를 붙여 자주 사용합니다. 청유형 억양을 동반하면 '-아/어'를 사용할 수도 있습니다.
Propositive sentences in informal speech are frequently used by attaching haerache's '-자' to a verb stem. If accompanied by a propositive intonation, '-아/어' can also be used.

동	-자	먹다	**먹자**
		가다	**가자**

예 우리 배고프니까 빨리 **먹자**.
날씨가 추우니까 **나가지 말자**.

TIPS

나이가 어리거나 친한 사람에게 질문을 할 때 '-아/어?', '-니/(으)니?', '-느냐/(으)냐?'를 사용합니다. '-니/(으)니?', '-느냐/(으)냐?'는 나이가 많거나 지위가 높은 사람에게는 사용하지 않습니다.
When asking a question to someone who is close to you or younger than you, use '-아/어?', '-니/(으)니?', '-느냐/(으)냐.' Note that '-니/(으)니?' and '-느냐/(으)냐?' are not used to ask a question to someone who is older or has a higher status than you.

예 유진 언니, 어디 가? (○)
유진 언니, 어디 가니/가느냐? (×)

'-니/(으)니?', '-느냐/(으)냐?'는 요즘 모두 '-니?', '-냐?'로 사용할 때가 많습니다.
Nowadays, '-니/(으)니?', '-느냐/(으)냐?' are often used as '-니?', '-냐?'

예 오늘 날씨가 좋으니/좋니?
학교가 가까우냐/가깝냐?
어디 가느냐/가냐?

❸ 동-나요?, 형-(으)ㄴ가요?, 명인가요?

언제까지 신청해야 하나요?

등록

금요일까지 하시면 됩니다.

▶ 동사 어간에 '-나요?', 형용사 어간에 '-(으)ㄴ가요?', 명사에 '인가요?'를 붙여 질문을 할 때 사용하며 '-아요/어요?'보다 친근한 느낌을 줍니다.
'-나요?' attaches to a verb stem, '-(으)ㄴ가요?' attaches to an adjective stem, and '인가요?' attaches to a noun to ask a question. These indicate more intimacy than '-아요/어요?'

동	-나요?	읽다	**읽나요?**
		가다	**가나요?**

* 'ㄹ' 받침의 동사는 'ㄹ'을 탈락시킵니다.
For verbs that end with the final consonant 'ㄹ,' drop the 'ㄹ.'

형	-은가요?	좋다	**좋은가요?**
	-ㄴ가요?	비싸다	**비싼가요?**

* 'ㄹ' 받침의 형용사는 'ㄹ'을 탈락시키고 '-ㄴ가요?'를 사용합니다.
For adjectives that end with the final consonant 'ㄹ,' drop the 'ㄹ' and use '-ㄴ가요?'

명	인가요?	학생	**학생인가요?**
		친구	**친구인가요?**

예 점심은 어디에서 **먹나요?**
무슨 영화를 **좋아하나요?**
나나 씨 전화번호를 **아나요?**
사무실이 **어디인가요?**

그 옷이 **비싼가요?**
음식이 너무 **매운가요?**
바지가 좀 **긴가요?**

▶ '있다, 없다'는 '-나요?'와 결합합니다.
'있다, 없다' combine with '-나요?'

> 예 토요일 오전에 출발하는 표가 **있나요**?

▶ 과거의 상황에 대해서 질문을 할 때에는 '-았나요/었나요?'를 사용합니다.
When asking a question about past situation, '-았나요/었나요?' is used.

> 예 가: 지금 은행이 문을 **열었나요**?
> 나: 조금 후에 열 거예요. 이따가 가 보세요.

❹ 동-(으)려면

▶ **동사의 어간에 붙여 뒤에 오는 행동의 의도나 목적을 가정할 때 사용합니다.**
Attached to a verb stem, '-(으)려면' is used to assume the intention or purpose of the action that follows.

동	-으려면	먹다	**먹으려면**
	-려면	가다	**가려면**

* 'ㄹ' 받침의 동사는 '-려면'을 사용합니다.
  For verbs that end with the final consonant 'ㄹ,' use '-려면.'

예 명동에 **가려면** 4호선을 타세요.
　　 수업에 **늦지 않으려면** 일찍 일어나세요.

　　 가: 통장을 **만들려면** 뭐가 필요해요?
　　 나: 신분증이 필요해요.

TIPS

동-(으)려면	동-(으)면
후행절에 행동의 의도나 목적을 실현하기 위한 조건이 옵니다. The following clause conveys the conditions needed to realize the intention or purpose of the action. **예** 명동에 가려면 지하철을 타세요.	후행절에 조건 충족의 결과가 옵니다. The following clause conveys the outcomes of having met the conditions. **예** 명동에 가면 쇼핑할 거예요.

11단원

❶ 동-는데, 형-(으)ㄴ데 1

▶ 동사 어간에 '-는데', 형용사 어간에 '-(으)ㄴ데'가 붙어서 뒤에 오는 내용에 대한 배경이나 상황을 나타냅니다.
'-는데' attaches to a verb stem, and '-(으)ㄴ데' attaches to an adjective stem to indicate the background information or situation for what follows.

동	-는데	읽다	읽는데
		가다	가는데

* 'ㄹ' 받침의 동사는 'ㄹ'을 탈락시킵니다.
  For verbs that end with the final consonant 'ㄹ,' drop the 'ㄹ.'

형	-은데	좋다	좋은데
	-ㄴ데	비싸다	비싼데

* 'ㄹ' 받침의 형용사는 'ㄹ'을 탈락시키고 '-ㄴ데'를 사용합니다.
  For adjectives that end with the final consonant 'ㄹ,' drop the 'ㄹ' and use '-ㄴ데.'

예 밥을 **먹는데** 전화가 왔어요.
오늘 학교에 **가는데** 친구를 만났어요.
저는 기숙사에 **사는데** 룸메이트가 한국 사람이에요.
이건 제가 좋아하는 **가방인데** 친구가 선물해 준 거예요.

가: 주말에 뭐 했어요?
나: 놀이공원에 **갔는데** 정말 재미있었어요.

▶ 다른 사람에게 무엇을 물어보거나 제안 또는 명령을 하기 전에 그 배경이나 상황 등을 나타냅니다.
Before asking someone about something or making a suggestion or demand, '-는데/(으)ㄴ데' indicates the background or situation.

예 산책하러 **가는데** 같이 갈까요?
영화관이 여기에서 **먼데** 택시를 탈까요?
영화표가 **있는데** 영화 보러 같이 가요.
내일이 **시험인데** 공부하세요.

가: 배가 좀 **아픈데** 약 있어요?
나: 네. 여기 있어요.

❷ 동-(으)ㄹ래요

▶ 동사의 어간에 붙여 어떤 일을 할 생각이 있음을 나타내거나 어떤 일이나 선택에 대해서 다른 사람의 의향을 물을 때 사용합니다.
Attached to a verb stem, '-(으)ㄹ래요' is used to indicate the willingness to do something or ask someone's intention or choice about something.

동	-을래요	먹다	**먹을래요**
	-ㄹ래요	가다	**갈래요**

* 'ㄹ' 받침의 동사는 'ㄹ'을 탈락시키고 '-ㄹ래요'를 사용합니다.
  For verbs that end with the final consonant 'ㄹ,' drop the 'ㄹ' and use '-ㄹ래요.'

예 저는 비빔밥을 **먹을래요**.
　　난 이 옷을 **살래**.
　　나는 숙제 다 하고 나서 **놀래**.

　　가: 같이 영화 **볼래요**?
　　나: 아니요. 저는 그냥 집에서 **쉴래요**.

❸ 명 중에서

▶ 명사에 붙여 두 개 이상의 사물 가운데서 하나를 골라 말할 때 사용합니다.
Attached to a noun, '중에서' is used to indicate a choice between two or more things.

명	중에서	운동	운동 중에서
		영화	영화 중에서

예) 저는 **한국 음식 중에서** 떡볶이가 제일 맛있어요.
　　우리 반 **친구 중에서** 나나 씨와 이야기를 제일 많이 했어요.

가: 무슨 과일 좋아해요?
나: 저는 **과일 중에서** 사과를 제일 좋아해요.

TIPS
하나의 장소로 인식되는 명사와 결합할 때는 '에서'를 씁니다.
When combining with a noun that describes a place, '에서' is used.

예) 우리 반에서 크리스 씨가 제일 키가 커요.
　　세계에서 러시아가 제일 넓어요.

❹ 동-아다/어다 주다

▶ 동사의 어간에 붙어서 다른 사람을 위해 어떤 행동을 함을 나타냅니다. 그 행동의 결과물을 가지고 그 사람이 있는 장소로 이동하는 경우에만 사용할 수 있습니다.
Attached to a verb stem, '-아다/어다 주다' indicates an action performed for someone else. It can only be used if you bring the outcome of the action to the physical location of the person.

동	ㅏ, ㅗ	➡	-아다 주다	사다	**사다 주다**
	그 외 모음	➡	-어다 주다	빌리다	**빌려다 주다**
	하다	➡	해다 주다	하다	**해다 주다**

예 친구가 아파서 약을 **사다 줬어요**.　　　　가: 유진아, 책상 위에 있는 내 휴대폰 좀 **갖다줘**.
　　 동생에게 도서관에서 책을 **빌려다 줬어요**.　나: 네, 아빠.
　　 어머니께서 반찬을 **해다 주셨어요**.

▶ '데리다, 모시다'와 함께 쓰면 사람이나 동물을 동반해서 어떤 장소까지 이동함을 나타냅니다.
If you use '-아다/어다 주다' with '데리다, 모시다,' it indicates that you accompanied a person or animal to a certain location.

예 동생을 유치원에 **데려다줬어요**.
　　 할머니를 병원에 **모셔다드렸어요**.

TIPS　동사 '갖다/가지다', '데리다', '모시다'와 결합한 '갖다주다/가져다주다', '데려다주다', '모셔다드리다'의 경우 한 단어로 사용됩니다. 그래서 띄어쓰기를 하지 않습니다.
For verbs combined with '갖다/가지다,' '데리다,' '모시다' such as '갖다주다/가져다주다,' '데려다주다,' '모셔다드리다,' they are used as one word. Therefore, there is no spacing in between.

12단원

❶ 'ㅎ' 불규칙

이 옷 색깔이 정말 예쁘네요.

고마워요. 파란 옷이 시원해 보여서 샀어요.

▶ 어간이 'ㅎ' 받침으로 끝나는 형용사들 중 일부는 '으'로 시작하는 어미가 올 경우 어간 끝음절의 받침 'ㅎ'과 어미의 '으'가 탈락합니다. '-아/어'로 시작하는 어미가 올 경우 받침 'ㅎ'이 탈락하고 '-아/어'는 '-애'로, '-야'는 '-얘'로 바뀝니다.
Among the adjective stems that end with the final consonant 'ㅎ,' if an ending that starts with '으' follows, then the final consonant 'ㅎ' of the stem's last syllable and '으' of the following ending are dropped. If the ending starts with '-아/어,' then the final consonant 'ㅎ' is dropped and '-아/어' changes to '-애,' and '-야' to '-얘.'

▶ 'ㅎ' 불규칙 형용사에는 '빨갛다, 노랗다, 파랗다, 까맣다, 하얗다, 이렇다, 저렇다, 그렇다, 어떻다' 등이 있습니다.
Examples of 'ㅎ' irregular adjectives are '빨갛다, 노랗다, 파랗다, 까맣다, 하얗다, 이렇다, 저렇다, 그렇다, 어떻다.'

	-습니다/ㅂ니다	-아요/어요	-았어요/었어요	-(으)ㄴ
빨갛다	빨갛습니다	빨개요	빨갰어요	빨간
노랗다	노랗습니다	노래요	노랬어요	노란
파랗다	파랗습니다	파래요	파랬어요	파란
까맣다	까맣습니다	까매요	까맸어요	까만
하얗다	하얗습니다	하얘요	하얬어요	하얀
이렇다	이렇습니다	이래요	이랬어요	이런
그렇다	그렇습니다	그래요	그랬어요	그런
저렇다	저렇습니다	저래요	저랬어요	저런
어떻다	어떻습니까?	어때요?	어땠어요?	어떤

예) **빨간** 사과와 **노란** 바나나를 그릴 거예요.
오늘은 하늘이 맑고 **파래요**.

가: **어떤** 옷을 찾으세요?
나: **하얀** 셔츠하고 **까만** 바지를 사려고 왔어요.

❷ 동-고 있다

▶ 착용 동사의 어간에 붙어서 그러한 동작이 진행되거나 동작이 끝난 뒤 그 동작의 결과가 현재까지 계속되고 있는 상태임을 나타냅니다.
Attached to a wear verb stem, '-고 있다' indicates a motion in progress or that the end result of the action has continued to the present.

▶ 착용 동사로는 '입다, 신다, 쓰다, 끼다, 메다, 하다, 벗다' 등이 있습니다.
Examples of wear verbs are '입다, 신다, 쓰다, 끼다, 메다, 하다, 벗다.'

동	-고 있다	입다	입고 있다
		쓰다	쓰고 있다

예 양말을 **신고 있어서** 발이 따뜻해요.
　　저는 지금 모자를 **쓰고 있어요**.

　　가: 테오 씨의 여자 친구가 누구인지 아세요?
　　나: 네. 저기 빨간 원피스를 **입고 있는** 사람이에요.

▶ '입다, 신다' 등의 착용 동사가 '가다, 오다, 다니다, 들어가다, 자다, 일하다' 등의 동사와 함께 쓰일 때에는 연결 어미 '-고'를 써서 '입고 가다, 신고 다니다'가 됩니다.
If wear verbs '입다, 신다' are combined with verbs '가다, 오다, 다니다, 들어가다, 자다, 일하다,' then the conjunctive ending '-고' is used to create '입고 가다, 신고 다니다.'

예 회사에 양복을 **입고 다녀요**.
　　수영장에 수영 모자를 **쓰고 들어가야 합니다**.

TIPS

두 개 이상의 복장에 대해서 함께 묘사할 때는 '에'를 사용하여 아래와 같이 표현할 수 있습니다.
Use '에' to describe two or more pieces of clothing as follows:

예 빨간색 티셔츠에 청바지를 입고 있어요.
　　까만 양복에 노란 넥타이를 하고 있어요.

❸ 명 처럼/같이

▶ 명사에 붙어서 어떤 모양이나 행동이 앞의 명사와 비슷하거나 동일함을 나타냅니다.
Attached to a noun, '처럼/같이' indicates a shape or action similar or identical to the proceeding noun.

명	처럼/같이	꽃	**꽃처럼**
		바다	**바다처럼**

예) 제니 씨는 **인형처럼** 귀여워요.
우리 어머니는 **바다같이** 마음이 넓어요.

가: 오늘 날씨가 정말 덥지요?
나: 네, 아직 3월인데 **여름처럼** 덥네요.

TIPS

명 처럼	명 같이
'처럼'은 명사를 수식하거나 문장 끝에 사용할 수 없습니다. '처럼' cannot be used at the end of a sentence or to modify a noun.	'같이'는 명사를 수식할 때는 '같은'으로, 문장 끝에서는 '같다'로 말할 수 있습니다. '같이' is used as '같은' when modifying a noun and '같다' when used at the end of a sentence.
예) 제 동생은 인형처럼 귀여워요. (O) 　　제 동생은 인형처럼 아이예요. (X) 　　제 동생은 인형처럼이에요. (X)	예) 제 동생은 인형같이 귀여워요. (O) 　　제 동생은 인형 같은 아이예요. (O) 　　제 동생은 인형 같아요. (O)

❹ 동형-았으면/었으면 좋겠다

▶ 동사나 형용사의 어간에 붙어서 아직 이루어지지 않은 상황에 대한 희망이나 바람을 나타냅니다.
Attached to a verb or an adjective stem, '-았으면/었으면 좋겠다' indicates a hope or wish that has not been realized.

동형	ㅏ, ㅗ	➡	-았으면 좋겠다	만나다	만났으면 좋겠다
	그 외 모음	➡	-었으면 좋겠다	맛있다	맛있었으면 좋겠다
	하다	➡	했으면 좋겠다	깨끗하다	깨끗했으면 좋겠다

예 주말에 놀이공원에 **갔으면 좋겠어요**.
돌아가신 할머니를 다시 **만날 수 있었으면 좋겠어요**.

가: 소원이 있어요?
나: 빨리 한국어를 **잘했으면 좋겠어요**.

TIPS

'-았으면/었으면 좋겠다'는 '-(으)면 좋겠다'로 바꿔서 사용할 수 있습니다. 바라는 일이 이루어지기 힘든 경우 '-았으면/었으면 좋겠다'를 써서 바라는 일을 강조하는 경향이 있습니다.
'-았으면/었으면 좋겠다' can be interchangeably used as '-(으)면 좋겠다.' If the wish is difficult to achieve, there is a tendency to use '-았으면/었으면 좋겠다' to emphasize that it is a wish.

예 한국에서 취직하면 좋겠어요.
한국에서 취직했으면 좋겠어요.

❶ 명 때문에

▶ 명사에 붙어서 어떤 일의 이유나 원인을 나타냅니다.
Attached to a noun, '때문에' indicates the reason or cause for something.

명	때문에	돈	돈 때문에
		날씨	날씨 때문에

예 **눈 때문에** 길이 많이 막혀요.

가: 파티에 올 수 있어요?
나: 미안해요. **아르바이트 때문에** 못 가요.

▶ '-(으)세요', '-(으)ㅂ시다', '-(으)ㄹ까요?'와 함께 사용하지 않습니다.
It is not used with '-(으)세요,' '-(으)ㅂ시다,' '-(으)ㄹ까요?'

예 시험 때문에 다음에 만나세요.　(×)
　시험 때문에 다음에 만납시다.　(×)
　시험 때문에 다음에 만날까요?　(×)

TIPS

명 때문에	명 (이)라서
예 숙제를 했어요. 그래서 못 잤어요. → 숙제 때문에 못 잤어요. (○) → 숙제라서 못 잤어요. (×)	예 오늘은 나나 씨 생일이에요. 그래서 케이크를 샀어요. → 오늘은 나나 씨 생일이라서 케이크를 샀어요. (○) → 오늘은 나나 씨 생일 때문에 케이크를 샀어요. (×)

❷ 동|형-겠-

▶ 동사나 형용사 어간에 붙어서 말하는 당시의 상황이나 상태를 보고 추측할 때 사용합니다.
Attached to a verb or an adjective stem, '-겠-' indicates one's guess based on the situation or state at that time.

동|형	-겠-	늦다	늦겠다
		비싸다	비싸겠다

예 길이 막히네요. 수업 시간에 **늦겠어요**.
날씨가 흐리네요. 비가 **오겠어요**.

가: 주말에 부산에 가기로 했어요.
나: **재미있겠어요**.

▶ 과거의 일이나 동작이 완료된 것을 추측할 때는 '-았겠어요/었겠어요'를 사용합니다.
When making a guess about something in the past or an action that has already happened, '-았겠어요/었겠어요' is used.

예 가: 부모님이 왔다 가셨어요.
나: 정말 **반가웠겠어요**.

❸ 동형-(으)ㄹ 때

언제 제일 화가 나요?

친구가 거짓말할 때 제일 화가 나요.

▶ 동사나 형용사 어간에 붙어서 어떤 일이 일어나거나 진행되는 시점을 나타냅니다.
Attached to a verb or an adjective stem, '-(으)ㄹ 때' indicates the point in time at which something takes place or is in the process of happening.

동형	-을 때	읽다	읽을 때
	-ㄹ 때	나쁘다	나쁠 때

* 'ㄹ' 받침의 동사나 형용사는 'ㄹ'을 탈락시키고 '-ㄹ 때'를 사용합니다.
For verbs or adjectives that end with the final consonant 'ㄹ,' drop the 'ㄹ' and use '-ㄹ 때.'

예 맛있는 음식을 **먹을 때** 기분이 좋아요.
공부할 때 조용한 음악을 들어요.
더울 때 팥빙수를 먹으면 정말 시원하고 맛있어요.
친구들과 이야기하면서 **놀 때** 즐거워요.

▶ 과거에 어떤 일이 일어난 시점을 나타낼 때에는 '-았을/었을 때'를 사용합니다.
'-았을/었을 때' is used to indicate the point in time of when something took place in the past.

예 노래가 **끝났을 때** 사람들이 일어서서 박수를 쳤어요.

가: 언제부터 그 가수를 좋아했어요?
나: 그 가수 노래를 처음 **들었을 때**부터 좋아했어요.

▶ 일정한 시기 동안을 나타낼 때는 '-(으)ㄹ 때'와 '-았을/었을 때'를 모두 쓸 수 있습니다.
When indicating a certain period of time, both '-(으)ㄹ 때' and '-았을/었을 때' can be used.

예 저는 **어릴 때** 수영을 배웠어요.   한국에 **살 때** 정말 재미있었어요.
저는 **어렸을 때** 수영을 배웠어요.   한국에 **살았을 때** 정말 재미있었어요.

❹ 형-아지다/어지다

한국 생활이 어때요?

친구가 생겨서 재미있어졌어요.

▶ 형용사 어간에 붙어서 사람이나 물건의 상태가 바뀌는 것을 나타냅니다.
Attached to an adjective stem, '-아지다/어지다' indicates a change in the state of a person or thing.

형	ㅏ, ㅗ	➡	-아지다	많다	**많아지다**
	그 외 모음	➡	-어지다	길다	**길어지다**
	하다	➡	해지다	따뜻하다	**따뜻해지다**

예 커피값이 작년보다 **비싸졌어요**.
청소를 하면 집이 **깨끗해질 거예요**.
요즘 날씨가 **더워졌어요**.

가: 이 식당 음식 맛이 **달라진 것 같아요**.
나: 네. 요리사가 새로 왔어요.

❶ 동-(으)ㄴ 덕분에

▶ 동사 어간에 '-(으)ㄴ 덕분에'를 붙여 어떤 사람의 은혜나 도움에 대한 고마움을 나타내거나 어떤 일이 발생해서 이익이 생겼음을 표현할 때 사용합니다.
Attached to a verb stem, '-(으)ㄴ 덕분에' is used to show appreciation for someone's favor or help, or to express that something beneficial has happened.

동	-은 덕분에	먹다	**먹은 덕분에**
	-ㄴ 덕분에	가다	**간 덕분에**

* 'ㄹ' 받침의 동사는 'ㄹ'을 탈락시키고 '-ㄴ 덕분에'를 사용합니다.
For verbs that end with the final consonant 'ㄹ,' drop the 'ㄹ' and use '-ㄴ 덕분에.'

예 다니엘은 책을 많이 **읽은 덕분에** 아는 것이 많아요.
선생님이 **가르쳐 주신 덕분에** 한국어를 잘 배웠습니다.
친구들과 **논 덕분에** 스트레스가 풀렸습니다.

가: 마리 씨, 오늘 발표 정말 재미있었어요.
나: 에릭 씨가 **도와준 덕분에** 잘할 수 있었어요. 고마워요, 에릭 씨.

▶ 명사에는 '덕분에'를 붙여서 사용합니다.
Attached to nouns, '덕분에' is used.

예 **친구들 덕분에** 좋은 집을 찾았습니다.

가: 취직 축하해.
나: **언니 덕분에** 취직할 수 있었어. 고마워.

❷ 동-게 되다

▶ 동사 어간에 붙어서 주어의 의지와 상관없이 어떤 상황이나 상태로 변화되었음을 나타냅니다.
Attached to a verb stem, '-게 되다' indicates the change of the situation or state regardless of the subject's will.

동	-게 되다	먹다	먹게 되다
		가다	가게 되다

예 한국에 와서 매운 음식을 **잘 먹게 됐어요**.
열심히 공부해서 장학금을 **받게 됐어요**.
건강 때문에 운동을 **시작하게 됐습니다**.

가: 왜 이사를 가요?
나: 직장 때문에 부산에서 **살게 됐어요**.

❸ 형-게

▶ 형용사 어간에 붙어서 뒤에 나오는 행위나 상태의 방식, 정도 등을 나타냅니다.
Attached to an adjective stem, '-게' indicates the method or degree of the action or state that follows.

형	-게	작다	작게
		크다	크게

예 머리를 좀 **짧게** 잘라 주세요.
나나 씨는 정말 **예쁘게** 웃어요.

가: 어제 영화 잘 봤어요?
나: 네. 정말 **재미있게** 봤어요.

❹ 동-(으)ㄴ 적이 있다/없다

▶ **동사 어간에 붙어서 과거에 경험했거나 하지 않았음을 나타냅니다.**
Attached to a verb stem, '-(으)ㄴ 적이 있다/없다' indicates what you did or did not experience in the past.

동	-은 적이 있다/없다	먹다	먹은 적이 있다
	-ㄴ 적이 있다/없다	가다	간 적이 있다

* 'ㄹ' 받침의 동사는 'ㄹ'을 탈락시키고 '-ㄴ 적이 있다/없다'를 사용합니다.
 For verbs that end with the final consonant 'ㄹ,' drop the 'ㄹ' and use '-ㄴ 적이 있다/없다.'

예 이 책을 **읽은 적이 없어요**.
저는 그 사람을 **만난 적이 있습니다**.
저는 한국 음식을 **만든 적이 있습니다**.

가: 이 병원에 **온 적 있어**?
나: 응. 전에 다리를 다쳐서 **입원한 적 있어**.

▶ **시도를 나타내는 '-아/어 보다'와 결합하여 '-아/어 본 적이 있다/없다'의 형태로도 쓰입니다.**
Combined with '-아/어 보다' which indicates an attempt, it can also be used in the form '-아/어 본 적이 있다/없다.'

예 김치를 고향에서 **먹어 본 적이 있어요**.
한복을 **입어 본 적이 없어요**.

15단원

❶ 동-기 형

▶ 동사 어간에 붙여 그 행위가 어떠한지 평가하거나 판단할 때 사용합니다.
Attached to a verb stem, '-기' is used to evaluate or judge something.

동	-기	살다	살기
		다니다	다니기

▶ 뒤에는 형용사 '쉽다, 어렵다, 힘들다, 편하다, 불편하다, 좋다, 나쁘다' 등을 자주 사용합니다.
Following '-기,' adjectives such as '쉽다, 어렵다, 힘들다, 편하다, 불편하다, 좋다, 나쁘다' are often used.

예 이 구두는 굽이 높아서 **걷기 불편해요**.
이 집은 지하철역이 가까워서 회사에 **다니기 편합니다**.

가: 마리 씨, 한국어 배우는 게 어때요?
나: 일본어와 비슷해서 **배우기 쉬워요**.

❷ 명밖에

▶ 명사에 붙어서 다른 가능성이나 선택의 여지가 없음을 나타냅니다.
Attached to a noun, '밖에' indicates there are no other possibilities or choices.

명	밖에	물	물밖에
		우유	우유밖에

예 시험 시간이 **5분밖에** 안 남았습니다.
아직 **화장실밖에** 청소 못 했어요.

가: 아야나 씨, 지금 교실에 누가 있어요?
나: **저밖에** 없어요.

▶ 반드시 뒤에 '안, 못, 없다, 모르다' 등의 부정 표현이 와야 합니다.
Negative expressions such as '안, 못, 없다, 모르다' must follow.

TIPS

명만	명밖에
'만'은 긍정문과 부정문에 모두 사용할 수 있습니다. '만' can be used in both positive and negative sentences. 예 냉장고에 물만 있어요. (○) 냉장고에 물만 없어요. (○)	'밖에'는 긍정문과 함께 사용할 수 없습니다. '밖에' cannot be used with positive sentences. 예 냉장고에 물밖에 없어요. (○) 냉장고에 물밖에 있어요. (×)

❸ 동-아/어 있다

▶ 동사 어간에 붙어서 어떤 행위가 끝난 후 그 상태나 결과가 지속됨을 나타냅니다.
Attached to a verb stem, '-아/어 있다' indicates that the state or outcome of an action continues after the action has been completed.

동	ㅏ, ㅗ	➡	-아 있다	앉다	**앉아 있다**
	그 외 모음	➡	-어 있다	서다	**서 있다**
	하다	➡	해 있다	입원하다	**입원해 있다**

예) 아침에 나무 아래에 **앉아 있으면** 기분이 좋아요.
계속 **서 있어서** 다리가 아파요.

가: 휴대폰이 어디에 있어요?
나: 책상 위에 **놓여 있어요**.

▶ '서다, 앉다, 눕다, 붙다, 놓이다, 닫히다, 열리다, 걸리다, 달리다' 등 목적어가 필요 없는 동사에만 쓸 수 있습니다.
It can only be used with verbs that do not require an object such as '서다, 앉다, 눕다, 붙다, 놓이다, 닫히다, 열리다, 걸리다, 달리다.'

▶ '입다, 쓰다, 신다, 끼다, 벗다' 등의 착용 동사는 '-아/어 있다'가 아닌 '-고 있다'와 함께 쓰여 상태의 지속을 나타냅니다.
Wear verbs such as '입다, 쓰다, 신다, 끼다, 벗다' must be used with '-고 있다' and not '-아/어 있다' to indicate the continuation of the state.

예) 나나 씨는 청바지를 입고 있어요. (○)
나나 씨는 청바지를 입어 있어요. (×)

▶ 주어를 높여야 할 때는 '-아/어 계시다'를 사용합니다.
When honoring the subject, '-아/어 계시다' is used.

예) 할아버지는 지금 소파에 **앉아 계세요**.
김 선생님은 병원에 **입원해 계십니다**.

❹ 동형-기 때문에, 명(이)기 때문에

이 집은 햇빛이 잘 들어오기 때문에 밝아서 좋습니다.

정말 좋네요.

▶ 동사나 형용사의 어간에 '-기 때문에', 명사에 '(이)기 때문에'가 붙어서 어떤 일의 이유나 원인을 나타냅니다.
'-기 때문에' attaches to a verb or an adjective stem, and '(이)기 때문에' attaches to a noun to indicate the reason or cause of something.

동형	-기 때문에	먹다	먹기 때문에
		크다	크기 때문에

명	이기 때문에	학생	학생이기 때문에
	기 때문에	아이	아이기 때문에

예 기숙사에 **살기 때문에** 학교에 가기 편합니다.
비가 많이 **오기 때문에** 지하철을 타고 가려고 합니다.
이 집은 전망이 **좋기 때문에** 월세가 비쌉니다.
저는 **외국인이기 때문에** 한국말을 못합니다.
어제 많이 **아팠기 때문에** 학교에 못 왔습니다.

▶ 명령문이나 청유문에는 쓸 수 없습니다.
They cannot be used in imperative or propositive sentences.

예 배고프기 때문에 많이 드세요. (×)
날씨가 좋기 때문에 같이 산책합시다. (×)
공부하기 때문에 조용히 해 주십시오. (×)

16단원

❶ 동-는데, 형-(으)ㄴ데 2

▶ 동사 어간에 '-는데', 형용사 어간에 '-(으)ㄴ데'가 붙어서 앞에 나온 사실과 반대되는 결과나 상황을 나타내거나 대조되는 두 가지 사실을 말할 때 사용합니다.
'-는데' attaches to a verb stem, and '-(으)ㄴ데' attaches to an adjective stem to indicate the outcome or situation that is contrary to the preceding fact, or to tell two contrasting facts.

동	-는데	먹다	먹는데
		가다	가는데

* 'ㄹ' 받침의 동사는 'ㄹ'을 탈락시킵니다.
For verbs that end with the final consonant 'ㄹ,' drop the 'ㄹ.'

형	-은데	작다	작은데
	-ㄴ데	크다	큰데

* 'ㄹ' 받침의 형용사는 'ㄹ'을 탈락시키고 '-ㄴ데'를 사용합니다.
For adjectives that end with the final consonant 'ㄹ,' drop the 'ㄹ' and use '-ㄴ데.'

例 저는 김치는 **먹는데** 김치찌개는 안 먹어요.
저 사람의 얼굴은 **아는데** 이름은 몰라요.
동생은 키가 **큰데** 저는 키가 작아요.
외국 사람인데 한국어를 잘해요.
공부를 열심히 **했는데** 시험을 잘 못 봤어요.

가: 새로 이사한 집이 어때요?
나: 학교에서 좀 **먼데** 월세가 싸서 좋아요.

▶ 대조의 의미를 나타낼 때에는 대조의 의미를 강조하기 위해 주어에 조사 '은/는'을 사용하는 경우가 많습니다.
In order to emphasize the contrasting meaning, '은/는' is often used in the subject position.

例 어제는 **더웠는데** 오늘은 시원해요.

❷ 동-아도/어도 되다

▶ 동사 어간에 붙어서 어떤 행동에 대한 허락이나 허용을 나타냅니다.
Attached to a verb stem, '-아도/어도 되다' indicates approval or permission for an action.

동	ㅏ, ㅗ	➡	-아도 되다	가다	**가도 되다**
	그 외 모음	➡	-어도 되다	먹다	**먹어도 되다**
	하다	➡	해도 되다	전화하다	**전화해도 되다**

예 지금 **들어가도 돼요**?
이 컴퓨터를 **사용해도 되나요**?

가: 사진을 **찍어도 됩니까**?
나: 네. **찍어도 됩니다**.

❸ 동-는 중이다, 명 중이다

▶ 동사 어간에 '-는 중이다', 명사에 '중이다'가 붙어서 어떤 일이 진행되고 있음을 나타냅니다.
'-는 중이다' attaches to a verb stem, and '중이다' attaches to a noun to indicate that something is in progress.

동	-는 중이다	먹다	먹는 중이다
		가다	가는 중이다

* 'ㄹ' 받침의 동사는 'ㄹ'을 탈락시킵니다.
For verbs that end with the final consonant 'ㄹ,' drop the 'ㄹ.'

예 **회의하는 중이니까** 이따가 전화할게요.
　　지금 김밥을 **만드는 중입니다**.

가: 아까 왜 전화 안 받았어요?
나: 미안해요. **운전하는 중이었어요**.

가: 지금 뭐 해요?
나: 책을 **읽는 중이에요**.

명	중이다	수업	수업 중이다
		공사	공사 중이다

예 **휴가 중이라서** 회사에 없습니다.　　　**운전 중**에는 전화를 하지 마세요.

TIPS

동-는 중이다	동-고 있다
현재 진행되고 있는 동작을 나타냅니다. It indicates a motion that is currently in progress. 예 지금 밥을 먹는 중이에요. (○)	현재 진행되고 있는 동작을 나타냅니다. It indicates a motion that is currently in progress. 예 지금 밥을 먹고 있어요. (○)
동작성이 없는 동사에 사용할 수 없습니다. It cannot be used with non-dynamic verbs. 예 지금 서울에 사는 중이에요. (×)	동작성이 없는 동사가 와도 사용할 수 있습니다. It can be used with non-dynamic verbs. 예 지금 서울에 살고 있어요. (○)

❹ 동-(으)면 안 되다

▶ 동사 어간에 붙어서 어떤 행동에 대해서 허락이나 허용하지 않음을 나타냅니다.
Attached to a verb stem, '-(으)면 안 되다' indicates disapproval or denial of an action.

동	-으면 안 되다	먹다	**먹으면 안 되다**
	-면 안 되다	가다	**가면 안 되다**

* 'ㄹ' 받침의 동사는 '-면 안 되다'를 사용합니다.
For verbs that end with the final consonant 'ㄹ,' use '-면 안 되다.'

예 여기에서 음식을 **먹으면 안 돼요**.
수업 중에는 휴대폰을 **사용하면 안 돼요**.
밤에는 큰 소리로 음악을 **들으면 안 돼요**.
여기에서 음식을 **팔면 안 됩니다**.

가: 커피를 가지고 들어가도 돼요?
나: 여기는 음식을 가지고 **들어가시면 안 됩니다**.

▶ '-지 않으면 안 되다'는 '-아야/어야 되다'와 비슷하지만 더 강한 뜻을 나타냅니다.
'-지 않으면 안 되다' is similar to '-아야/어야 되다,' but it indicates a stronger meaning.

예 이 약을 먹지 않으면 안 됩니다. = 이 약을 꼭 먹어야 됩니다.

17단원

❶ 동-기 위해(서)

왜 이렇게 일찍 오셨습니까?

좋은 자리에 앉기 위해서 일찍 왔습니다.

▶ 동사 어간에 붙어서 뒤에 오는 행동의 의도나 목적을 나타냅니다. 주로 격식적인 상황에서 사용합니다.
Attached to a verb stem, '-기 위해(서)' indicates the intention or purpose of the action that follows. It is usually used in formal situations.

동	-기 위해(서)	먹다	먹기 위해(서)
		보다	보기 위해(서)

예 비자를 **받기 위해서** 대사관에 가야 합니다.
취직을 **하기 위해** 한국어를 공부합니다.
행복하게 **살기 위해서** 열심히 노력합시다.

가: 왜 이렇게 아르바이트를 많이 해?
나: 세계 여행을 **가기 위해서** 돈을 모으고 있어.

▶ 명사에는 '을/를 위해(서)'를 붙여 사용합니다.
Attached to nouns, '을/를 위해(서)' is used.

예 **건강을 위해서** 일찍 자야 됩니다.
친구를 위해서 케이크를 만들었어요.

❷ 동-아/어 놓다

다음 주에 같이 연극을 볼까요?

네. 그럼 제가 표를 예매해 놓을게요.

▶ 동사 어간에 붙어서 어떤 일을 끝내고 그 상태를 유지함을 나타냅니다.
Attached to a verb stem, '-아/어 놓다' indicates to complete an action and maintain its state.

동	ㅏ, ㅗ	➡	-아 놓다	사다	**사 놓다**
	그 외 모음	➡	-어 놓다	만들다	**만들어 놓다**
	하다	➡	해 놓다	하다	**해 놓다**

예 내일 먹으려고 빵을 **사 놓았어요**.
저녁에 친구와 약속이 있어서 오후에 숙제를 **해 놓았어요**.

가: 아야나 씨, 오늘 수업도 있었는데 언제 이렇게 많은 음식을 만들었어요?
나: 어제저녁에 **만들어 놓았어요**.

TIPS

'-아/어 두다'로 바꿔 쓸 수 있습니다.
It can be interchangeably used with '-아/어 두다.'

예 크리스마스에 고향에 가려고 비행기표를 사 두었어요.
제가 식당을 예약해 둘게요.

❸ 동-는다/ㄴ다, 형-다, 명(이)다

> 내일부터 설 연휴가 시작된다.
> 설날은 한국의 큰 명절이다.

▶ 동사 어간에 '-는다/ㄴ다', 형용사 어간에 '-다', 명사에 '(이)다'를 붙여 사실이나 상태를 서술할 때 사용합니다.
'-는다/ㄴ다' attaches to a verb stem, '-다' attaches to an adjective stem, and '(이)다' attaches to a noun to describe a fact or state.

▶ 신문과 같은 일반적인 글에서 높임의 구분이 없이 사용합니다.
They are also used in common writings such as newspapers without regard for honorifics.

동	-는다	먹다	**먹는다**
	-ㄴ다	가다	**간다**

* 'ㄹ' 받침의 동사는 'ㄹ'을 탈락시키고 '-ㄴ다'를 사용합니다.
For verbs that end with the final consonant 'ㄹ,' drop the 'ㄹ' and use '-ㄴ다.'

형	-다	작다	**작다**
		크다	**크다**

명	이다	학생	**학생이다**
	다	친구	**친구다**

예 한국 사람들은 설에 떡국을 **먹는다**.   나는 한국에서 혼자 **산다**.
이사한 집이 좋지만 학교에서 너무 **멀다**.   마리는 **일본 사람이다**.
지난겨울에 눈이 많이 **왔다**.
내년에 대학교를 졸업하면 고향으로 **돌아갈 것이다**.

18단원

❶ 동형 -기는 하지만

▶ 동사나 형용사 어간에 붙여 앞의 사실을 인정하면서 그에 반대되는 말을 이어 말할 때 사용합니다.
Attached to a verb or an adjective stem, '-기는 하지만' is used to acknowledge the preceding fact but to say something contradictory.

동형	-기는 하지만	먹다	먹기는 하지만
		크다	크기는 하지만

예 김치를 **먹기는 하지만** 좋아하지는 않아요.
　 이 집은 월세가 **비싸기는 하지만** 교통이 편리해요.

　 가: 한국 음식이 어때요?
　 나: **맵기는 하지만** 맛있어요.

▶ 과거는 '-기는 했지만', 미래나 추측은 '-기는 하겠지만'을 사용합니다.
'-기는 했지만' is used for the past, and '-기는 하겠지만' is used for the future or to make a guess.

예 한국어를 **배우기는 했지만** 잘 못해요.
　 내일은 눈이 **오기는 하겠지만** 오늘보다 따뜻할 것 같습니다.

▶ 비격식적인 상황에서 '-기는'은 '-긴'으로 줄여서 사용합니다.
In an informal situation, '-기는' can be shortened to '-긴.'

예 한국어가 **어렵기는 하지만** 재미있어요. = 한국어가 **어렵긴 하지만** 재미있어요.

❷ 동형-(으)ㄹ지 모르겠다

고향에 가면 뭐 할 거예요?

글쎄요. 아직 뭐 해야 할지 모르겠어요.

▶ 동사나 형용사 어간에 붙어서 걱정이나 막연한 의문을 나타냅니다.
Attached to a verb or an adjective stem, '-(으)ㄹ지 모르겠다' indicates a concern or a vague question.

동형	-을지 모르겠다	먹다	먹을지 모르겠다
	-ㄹ지 모르겠다	싸다	쌀지 모르겠다

* 'ㄹ' 받침의 동사나 형용사는 'ㄹ'을 탈락시키고 '-ㄹ지 모르겠다'를 사용합니다.
For verbs or adjectives that end with the final consonant 'ㄹ,' drop the 'ㄹ' and use '-ㄹ지 모르겠다.'

예) 내일 파티에 가는데 뭘 **입을지 모르겠어요**.
안나 씨가 이 선물을 **좋아할지 모르겠어요**.
엥흐 씨가 언제 **올 수 있을지 모르겠어요**.
편의점에서 교통 카드를 **팔지 모르겠어요**.

가: 산에 가고 싶은데 내일 날씨가 좋을까요?
나: 글쎄요. 날씨가 **좋을지 모르겠어요**.

❸ 동-(으)ㄴ 지

▶ 동사 어간에 붙어서 어떤 일을 한 후 시간이 얼마나 지났는지를 나타냅니다.
Attached to a verb stem, '-(으)ㄴ 지' indicates how long it has been since something has started.

동	-은 지	먹다	먹은 지
	-ㄴ 지	오다	온 지

* 'ㄹ' 받침의 동사는 'ㄹ'을 탈락시키고 '-ㄴ 지'를 사용합니다.
For verbs that end with the final consonant 'ㄹ,' drop the 'ㄹ' and use '-ㄴ 지.'

예 약을 **먹은 지** 30분 정도 됐어요.
저는 한국에 **온 지** 일 년이 되었습니다.

가: 서울에서 **산 지** 얼마나 됐어요?
나: 너무 오래돼서 잘 기억이 안 나요. 아마 15년쯤 된 것 같아요.

▶ 어떤 일을 하지 않은 시간의 경과를 나타낼 경우 다음의 두 가지로 표현할 수 있습니다.
When expressing how long it has been since something has not been done, there are two ways to express it:

예 청소를 **한 지** 일주일 됐어요. = 청소를 **안 한 지** 일주일 됐어요.

❹ 명(이)나 2

▶ 수량을 나타내는 명사에 붙어서 수량이 예상되는 정도를 넘었거나 꽤 많음을 나타냅니다.
Attached to a quantity noun, '(이)나' indicates the excess of an estimated amount or of large quantity.

명	이나	열 명	**열 명이나**
	나	열 개	**열 개나**

예) 저는 그 영화를 좋아해서 벌써 **열 번이나** 봤어요.
이 집은 화장실이 **세 개나** 있어요.

가: 생일 파티에 사람이 많이 왔어요?
나: 네. **스무 명이나** 왔어요.